唐糖 ○ 著

别让情绪绑架爱

父母情绪自控指南

中国宇航出版社
·北京·

版权所有　侵权必究

图书在版编目（CIP）数据

别让情绪绑架爱：父母情绪自控指南 / 唐糖著.
北京：中国宇航出版社，2024.10. -- ISBN 978-7
-5159-2432-8

Ⅰ．G78

中国国家版本馆CIP数据核字第2024AY1046号

策划编辑	张文丽	责任校对	谭　颖
责任编辑	田芳卿　张文丽	封面设计	毛　木

出　版 发　行	**中国宇航出版社**
社　址	北京市阜成路8号
	（010）68768548
网　址	www.caphbook.com
经　销	新华书店
发行部	（010）68767386　　（010）68371900
	（010）68767382　　（010）88100613（传真）
零售店	读者服务部
	（010）68371105
承　印	北京中科印刷有限公司
版　次	2024年10月第1版　　2024年10月第1次印刷
规　格	880×1230　　　　　　开　本　1/32
印　张	8.25　　　　　　　　　字　数　158千字
书　号	ISBN 978-7-5159-2432-8
定　价	59.80元

本书如有印装质量问题，可与发行部联系调换

前 言

当今社会,渴望完成自身成长,能给予孩子高质量陪伴的"学习型家长"越来越多,并且已成大势所趋。

以前,很少有家长会专门学习如何做一名家长,生育了子女之后,大家顺理成章地成为家长,按照约定俗成的方式养育孩子。而现在,越来越多的家长意识到原来当一名合格的家长,不仅需要付出时间、精力、金钱等各种成本,更需要持续不断地学习。这门需要终身修行的功课,就是家长自己的人格成长课。

人格的不同发展水平,决定了人与人之间的差异。而父母的人格发展水平,会极大地影响孩子成长的高度。所以,培养和塑造孩子健康的人格,是父母送给孩子最好的礼物,这份礼物会让孩子受益终身。

问题在于,"人格"是一个看不见也摸不着的东西,父母该如何发展自身的人格水平呢?又该如何培养一个具有健康人格的孩子呢?答案在于:事上见,事上练!

比如,家庭教育类文章或书籍中经常谈到的"情绪稳定",很多家长在学习了相关理念后,都打心眼里愿意做一个情绪稳定的父母。但回到现实中，却无法改变"不写作业母慈子孝，一写作业鸡飞狗跳"的状况。那么，问题出在哪里呢？

事实上，如果一个人自身的"创伤"没有被觉察和有意识地修复，他就不太可能做到情绪稳定，生活中的每一次鸡飞狗跳，其实都是自身心理创伤被激活的自然反应。从这个角度来观察，我们就能理解家长之所以做不到情绪稳定，是因为那些未曾痊愈的创伤，在养育孩子的过程中被激活了。所以，情绪不稳定不是孩子的问题，而是自己需要疗愈的问题。

归根结底，"情绪稳定"是在与孩子相处的过程中，父母通过不断地觉察和自我疗愈，最终完成自身人格发展的产物，它既无法通过给自己提一个"做情绪稳定的父母"这样的要求就能实现，也不可能通过给自己讲道理或在愤怒时强行压抑自己的情绪来实现，因为这些方式都很难长久，坚持不了多长时间就会打回原形。

再比如，亲子关系中常见的边界问题，也是家庭教育领域的"重灾区"。一个具有成熟人格发展水平的人，在人际交往时能保持恰当的距离，既能亲密合作，又能边界清晰，这一点在亲子关系中也同样适用。在亲子关系良好的家庭里，父母和孩子之间既有情感上深厚的依恋，又能彼此尊重，各自负责。亲子关系陷入困境的家庭，则往往缺少恰当的心理边界，不是处在不分你我、相爱相杀的"共生连体"状态，就是存在情感上的疏离和冷漠。

在边界不清的家庭中，父母常常对孩子既有溺爱，又有控制。在这样环境下成长的孩子，身上既带有反控制的逆反，又带有不愿自我负责的怯懦。

本书中讲到的所有案例，均取自真实生活，很多读者在阅读过程中都会找到熟悉的感觉。这些案例如此普通，就像生活中的鸡毛蒜皮一样琐碎无奇，但也正是因为它们如此普通，所以常常被忽视，我们很容易忽视这些微小的错误。试想这些错误，再辅以"时间"这个恒长的变量之后，会对一个孩子产生怎样的巨大影响，事实上这种影响后果是不可估量的。正所谓失之毫厘，谬以千里。

家庭教育的真谛是：家庭教育就隐藏在这一餐一饭、一言一行、一点一滴之中。毫不夸张地说，父母和孩子在一起的每时每刻，都在无形地塑造着孩子的人格。

与此同时，父母也并不是只有"孩子的养育者"这一重身份，养育孩子的过程，其实也是每个父母的"疗伤"之旅。

在孩子对父母无条件的忠诚与爱面前，我们自己成长过程中曾经留下的"创伤"被充分疗愈，当我们耐心地倾听孩子，用心理解孩子时，其实也是在疗愈自己的内在小孩。从这个角度说，家庭教育的意义不仅在于指导家长如何教育孩子，同时也让家长在养育孩子的过程中，跳出自我原生家庭的桎梏，完成自我的和解与成长。

正如前文所说，本书的每个观点，均取材于生活中的真实案例，案例中父母的困惑很常见。在拆解案例的时候，笔者会使用心理学原理作为支撑来进行详尽的解析，从而使本书在简单的指导之外，还多了一些心理学原理的讲解，真正能够让家长们"知其然，更知其所以然"。

这同样也是为了解决很多家长一直以来的困惑：他们看了不少这类书籍或课程，然而在实际生活中却并未带来太大的变化。

其实所谓"知行合一"，并不是先知道道理，再转变为行为，而是说如果在行为上没有做到，那说明对道理的理解还不充分，也就是"知其然，并不知所以然"。对原理的理解越透彻，对事情表象背后的逻辑看得越清楚，改变也就越容易。所以本书还有一个重要的目的：希望家长成为一个心理学高手，在提升认知水平的同时，也提高读懂孩子内心的能力并增强自我疗愈的力量。

本书写作过程中，笔者带入了"读者"的角色，把大家在阅读过程中可能出现的困惑、疑问以及容易混淆的概念进行多次提问，反复澄清。这些问题和容易混淆的概念，也是日常咨询中家长经常提出的困惑。之所以着重加强这一点，是因为不少家长对家庭教育的一般原理虽然多少有所了解，但对原理、概念理解的精准度却存在不足，导致家长在具体的应用中产生了截然不同的效果。正如前文所说，要让家长"知其然，更知其所以然"，才能够在类似的案例中举一反三、灵活应用，把正确的原理精准地应用到生活的一言一行中。

本书最后一部分，笔者对生活中实际操作的原理和步骤进行了总结，大家可以仿照里面的逻辑和表达，与孩子进行沟通，相信能取得不错的效果。不过这些并不是死板的"话术"，希望家长能够理解这些语言背后的内在逻辑，以便更好地使用它们。

父母，是孩子原生家庭的缔造者。父母不仅为孩子提供生理上的遗传密码，更在潜移默化中为孩子的基因表达创造最为重要的外部环境。有一个看似戏谑但其实很"真相"的说法：父母是原件，孩子是复印件。从这个角度来说，家庭教育的本质，不仅仅是指导父母如何教育孩子，更包括指导父母完成自我疗愈和人格发展，与孩子共同成长，达成良好的人际关系。

每本书的出版都带着它自己的使命，希望这本书也能实现它的使命：帮助父母做自己情绪的主人，同时通过阅读本书，在做好孩子领路人的同时，也能实现自我觉醒，完成自我疗愈和人格成长。最后，希望本书能够成为真正为家长解惑、帮助家长实现自我改变的书籍。实际上，当家长愿意改变自己的惯性，选择翻开本书的那一刻，改变就已经悄悄开始了。

目　录

第一章
做情绪稳定的父母，需关注八个关键词 / 1

○ 信任：焦虑的父母，给不了孩子想要的信任 / 3
○ 看见：爱讲道理的父母，看不见真正的孩子 / 10
○ 否定：父母以为的"鼓励"，其实暗含着"否定" / 17
○ 细节：家庭教育的质量体现在细节中 / 23
○ 误会：世界上最伤人的误会，是父母对孩子的误会 / 29
○ 共存：给予孩子心理支持和引导，不是一道单选题 / 37
○ 麻木：看不出孩子的问题，才是真正的问题 / 43
○ 掌控：告别"谁说了算"，警惕家庭中的权力之争 / 49

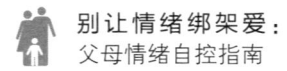
别让情绪绑架爱：
父母情绪自控指南

第二章

做懂心理学的父母，养育孩子事半功倍 / 57

○ 如何改变不努力的孩子？三个关键词，做深度觉察的父母 / 59
○ 如何让孩子不磨蹭？洞悉拖延背后的深层心理问题 / 67
○ 父母是怎样塑造出敏感、孤独、内向的孩子的 / 77
○ 抚养孩子：天分决定起点，人格决定终点 / 83
○ 觉察即疗愈，破解三种"焦虑型父母" / 89
○ 挫折教育：被曲解的伪命题，别再说孩子矫情了 / 95

第三章

父母的人格水平，决定了托举孩子的高度 / 101

○ "父母期待"用得好是鼓励，用不好是压力 / 103
○ 放下傲慢，警惕成为"双标型父母" / 109
○ 苦苦栽培的孩子，为何会成为"小白眼狼" / 114
○ 孩子总感觉被浇冷水，你是缺乏共情能力的父母吗 / 121
○ 对待孩子之间冲突的方式，折射父母的教育水平 / 129
○ 懒得思考型和学习成长型父母，差别有多大 / 136
○ 走出原生家庭的限定，完成个人成长 / 142
○ 好的教育，"孩子"才是主体 / 150

第四章

父母婚恋关系中的言传身教，胜过道理万千 / 157

○ 家庭中的常见模式：暴君爸爸+逃跑妈妈 / 159
○ 严苛或缺位的爸爸，会给孩子造成怎样的影响 / 165
○ 离婚不是解决问题的法宝，成长才是 / 171
○ 优质的单亲家庭，胜过低质的双亲组合 / 181

第五章

家长怎么说，孩子才会听 / 189

○ 亲子沟通：关注情绪比关注事件本身更重要 / 191
○ 孩子"无理取闹"时：不急于否定，先接纳后共情 / 198
○ 孩子恐惧时：善当心理容器，不给孩子投射焦虑 / 204
○ 无痕式引领：家庭教育中沟通的最高境界 / 210
○ 提升认知，锻造家长自身的成长型思维 / 223
○ 用科学的方法培养有规矩的孩子 / 233

第一章

做情绪稳定的父母,需关注八个关键词

家长情绪不稳定,不是孩子的问题,而是自己需要疗愈的问题。

信任：焦虑的父母，给不了孩子想要的信任

几乎所有亲子关系中出现的问题，都伴随着父母对孩子的信任问题。虽然父母都愿意相信孩子，但其潜意识的行为，却很容易表现出对孩子的种种不信任。

▶ 有一种冷，叫妈妈觉得你冷

人们经常调侃的一个现象："有一种冷，叫妈妈觉得你冷。"天气降温时，孩子觉得不冷，没必要穿秋裤。但妈妈以"怕孩子着凉"为理由，坚持要孩子穿秋裤。从表面上看，这种做法是出于对孩子的关心和爱护，但却经常引起孩子的反感，因为对孩子来说，他感受到的是妈妈对自己的不信任。孩子心中的潜台词是："妈妈根本不相信我有感知温度的能力，不相信我有主动添加衣服的意识。"

这种"不信任"，不是说父母真的不相信孩子，认为自己的孩子没有判断冷暖的能力，而是父母的这种行为，会被孩子解读为不信任。**这种"不信任"的本质，其实是父母自身安全感缺失导致的焦虑，表现出来的行为就是过度担心孩子。**

孩子如果在父母身上感受不到真正的信任，一方面他们可能

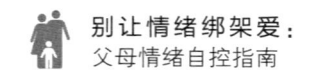

会认同父母，产生自我怀疑，变得胆小怯懦，缺少自信；另一方面又会感觉到羞辱和愤怒，滋生逆反和对抗。

孩子的感觉非常敏锐，年龄越小的孩子，理性思维越少，直觉和感受越丰富。父母潜意识层面真正的意思，会被孩子敏锐地捕捉，如果父母自身缺少安全感，那么孩子就会接收到这种恐惧的负能量。

≫ 潜台词里的不信任：我不想让孩子和差生交往

有这样一个案例。

> 一个妈妈问："我家孩子周五想跟她的同学去吃自助餐，目前暂定八个同学，其中本班同学有四个，两男两女。据我所知，这两个男同学学习极差，成绩是班级倒数，女同学和孩子关系很好，其他同学不清楚。我不想让孩子跟这种学习成绩差的同学过密接触，你觉得呢？"

妈妈的这种担心，本质上是对孩子"有能力不被差生影响"的怀疑。如果妈妈对孩子特别信任，相信他无论和谁交往，都不会影响到自己的品行和学习，自然就不会有这种担心了。

也许有家长会说："孟母三迁，近墨者黑，这些道理不都告诉我们周围的环境会对孩子产生很大的影响吗？我怎么能放手不管呢？"

外界环境当然会对孩子产生影响，但是家庭环境才是影响孩子核心人格的关键。就像一棵在肥沃土壤里长成的参天大树，虽然外面的大风会摇落它的枝叶，但是它却不会被风吹倒。另外，由于它的根系扎实，其自我修复能力也会很强。

也许会有人接着问："如果能避免大风，不是更好吗？干吗非要经历一场大风的考验呢？"我相信这是很多家长的想法，所以有必要以这件事为切入点进行一些探讨。

首先，家长能知道孩子要和同学一起吃自助餐，并知道其中两名男生成绩不好这些信息，说明孩子非常信任家长。面对孩子的信任，家长如果因为掌握了"情报"就禁止孩子参加活动，无异于滥用孩子的信任，这样孩子以后就很难再相信家长了。

其次，**每个孩子的行为背后都隐藏着他的心理需要**。就像现实中无法获得自我掌控感的孩子容易沉迷游戏一样，孩子想和同学聚餐，也一定是为了满足自己心理上的某些需要。家长在养育孩子的过程中，需要读懂孩子的需要，而不是按照自己的评判标准，对孩子的行为进行规定、指导甚至是限制。

很多不良的亲子关系，都是因为家长在教养孩子的过程中，一味地把自己认为正确的道理强行施加给孩子，却忽视了孩子内心真正的需求。家长的这种做法会让孩子感觉自己不被理解，产生孤独无助的感觉，从而变得不愿意和家长交流。

最后，如果家长不让孩子去参加这个聚会，无论给出的理由多么冠冕堂皇，**本质上都在向孩子传递"我担心你""我不相信你"的信号**，这种信号会让孩子感觉到委屈和被控制，也可能会激发孩子的逆反情绪，导致事情的结果与家长的期待背道而驰。

家长在处理这种情况的时候，不应强势地直接限制孩子的行

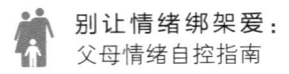

为,禁止孩子和"差生"交往,而应相信孩子有分辨是非的能力。建议如果家长实在对此不放心,至少先要克制一下自己的焦虑,"选择"相信孩子。之所以说"选择",是因为这个选择是在意识参与下的、与自己过往习惯相反的一种刻意训练。这样做的同时对孩子也是一种历练,让孩子以后即使在任何环境下,都能具有"出淤泥而不染"的品质。

如果家长是品行端正的人,那么孩子也很难长歪。他们也许会因为一时的兴致而与人品不端的孩子进行接触,但很快就会意识到自己和他们不是一路人,然后就会远离他们。进一步说,其实很多所谓的"差生"只是学习成绩差一些,并不是人品差。家长甚至可以因势利导,引导和鼓励孩子当小伙伴的小老师,一起想方法帮助对方和自己共同进步,这样对两个孩子的发展都是有利的。

家长有悲悯心,孩子才会慈悲;家长处事公正,孩子才会有平等心。家庭教育之所以重要,就是因为家长要通过这样的潜移默化的影响,在不知不觉中塑造孩子的人格。

≫ 家长如何缓解焦虑和恐惧情绪

接下来谈一谈,如果家长确实无法克制自身的焦虑和恐惧,十分担心孩子和"差生"交往会受到影响,那又该怎么办?

第一,家长可先从意识上对"自我的投射"和"现实的危险"做出区分。

从心理学角度说,我们如何看待世界,往往来自自己内心世界的投射。我们对外部世界的理解，一般是出于自己的主观认知，而一个人的主观认知又会受到自身经验的局限，所以需要时常拿客观现实来对自己的认知进行校正。比如，一个内心缺乏安全感的人来到一个陌生的环境，可能会认为这个环境不安全，这里的人都对他有敌意。其实这个敌意并不是真实存在的，而是来自他自己缺乏安全感的投射。养育孩子也是同样的道理，父母常常觉得孩子处于危险境地，其实这大部分是来自他们内心焦虑的投射，并不一定是真实的危险。所以，家长提升认知学会区分什么是"现实的危险"，什么是"自己的投射"就显得尤为重要。

第二，防止误伤，要尽可能多地了解客观事实，不妄下判断。

实际上，孩子的行为有很多"可能性"，不一定是家长担心的最坏情况。家长需要更详细地了解孩子的信息，然后再做进一步的沟通。

比如在上述案例中，也许孩子对那两个学习成绩差的男生根本不熟悉，或者自己本身也没打算和他们有深入接触，又或者这两个男生只是其他同学的好朋友而已。家长对客观事实了解得越多，做出的判断就越准确，越不容易对孩子造成误伤。

第三，家长可以真实地表达自己的忧虑，提出想法和建议，但不要强制孩子执行。

家长越真诚，孩子越容易沟通。家长真实、坦率地表达自己的想法和观点，包括忧虑和担心，都是可以的。

不过有两点需要注意。一是有些家长把真诚当成了套路和手段，虽然表面看上去很诚恳，但本质上还是带有强烈的目的性，希望孩子能按照自己的想法去做。这一点也许家长自身很难觉察，但孩子却能敏感地捕捉到，从而丧失对家长的信任和继续交流的欲望。二是真诚、坦率地表达自己的想法和观点，并不意味着对孩子进行说教，孩子需要的是平等交流。有一些家长特别热衷于说教，本意是想与孩子好好地交流和沟通，但是说着说着就变了味儿，变成了对孩子的批评、指责或强力输出自己的观点。

要避免以上情况的发生，家长可以使用两种方式进行自我观察。第一种是觉察自己内心的感受，如果孩子不听自己的建议，自己是否会生气，如果觉察到在生气，就意味着自己的控制欲可能正在升起。第二种是观察孩子的反应，如果孩子的话越来越少，表现出越来越多的对抗情绪，那么家长就需要调整一下自己的沟通方式了。

关于教育的"道理"并不难理解，但是具体执行的时候，效果却千差万别，造成这种现象的原因，主要有两点。一是在认知层面，受自身经验和认知局限的影响，每个人对于"道理"的理解会有很大的差异。理解的偏差放大到行为上，再加上"时间"的效用，就自然会产生天壤之别的结果。二是产生巨大差异的原因在于一个人的自我觉察能力，一个人是否有意愿、有方法、有能力进行自我觉察和自我校正，对于结果来说也会产生巨大的影响。

综上，我们再回到信任孩子这个宏大的命题，中间的偏差可谓失之毫厘，谬以千里。有的家长不断地向孩子投注"我相信你""你有自然向上发展的天性""你不需要被我管控就能很好地自我管理"等信号,也有的家长不断传递着相反的信号,天长日久,结果就会大相径庭。

播下爱的种子,会收获内心丰盈的孩子;播下信任的种子,会收获人格自律的孩子;播下引导的种子,会收获容易沟通的孩子。**孩子是父母的一面镜子,也是检验家长教育水平的最好标尺。**

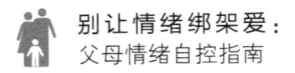
别让情绪绑架爱：
父母情绪自控指南

看见：爱讲道理的父母，看不见真正的孩子

先来看一位妈妈的叙述。

女儿因身体原因需要体检，今天午餐时，孩子说："明天去体检，一想到要抽血就很害怕。"我告诉她："害怕是胆怯的表现，做任何事心中都要有底气。不管面对什么，都要勇敢。"她抱怨道："从来听不到你一句安慰。"我问她："如果我说你别害怕，有妈妈在呢，你会感觉好点吗？"她立马回答："听你这样说，我起了一身鸡皮疙瘩。"我说："那你想听妈妈怎么说？如果你是妈妈，你会怎么说？"她说："不用怕，如果体检结果没问题，就不用再吃药了。如果身体还没好，就继续吃药，直到好了为止。"

听她这样说，我心里很难过，我总认为坚强就能战胜一切，可孩子不是这样的啊。她没我乐观，也没我坚强，我不知怎么安慰她，只好对她说："那我明天陪你去。"吃完饭，我们各自回屋。现在我还不知道该怎么做才好。

这位妈妈说完后，我问她："你的困惑是什么？"她回答："我困惑的是孩子怎么学不会我的坚强，为什么她会如此悲观呢？为什么孩子总认为我是在讲大道理、说空话呢？我明明就是那样想的啊。"

我向这位妈妈询问了这样一个问题："孩子的示范回答和你的回答，你觉得两者有什么区别？"她没有正面回答这个问题，只是说："女儿要的是柔软的母爱，而我给得太硬。"除此之外，她并不认可女儿的示范回答，她说："我觉得她的回答力量不够。"

在此之前，医生曾告诉女儿，如果乖乖地吃两年药，她的病就会好。如今女儿已经吃了两年药了，如果这次检查结果仍不如意，女儿很可能无法接受，说不定还会因为绝望而拒绝服药。她担心如果像女儿说的那样进行劝慰，女儿可能会怀疑她说的不是真心话。

之所以妈妈会觉得女儿不够坚强，是因为女儿得病后总是问："为什么我会得这种病，我到底是不是妈亲生的？"另外，女儿还曾经一度不愿服药。其实这种病并不是遗传病，她的父母也都很健康。这位妈妈还告诉我说，女儿每次看到体检结果上的指标有所下降，都会生气，对此她很困惑："到底是因为体检结果没达到女儿的预期，还是因为我不会安慰人呢？"

≫ 活在"道理"中的父母，一直在远离真实的感受

案例中的妈妈在现实生活中很有典型性，她是一个活在"道理"中的人。这类人的共同特点是：**对真实感受比较陌生，习惯用道理指导自己的行为，习惯于做"正确"的事。**

但是人与人之间，想要有良好的沟通，最重要的莫过于具备

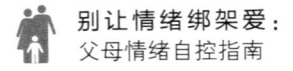

同理心，而同理心的基础，恰恰需要站在对方的角度感知对方。只有从真实感受上贴近了对方，才能在沟通中说出能走进对方心里的话。

用道理指导行为，虽然看上去既高效又有意义，但最大的问题在于，这样做会远离真实。

我们虽然不知道案例中女儿的成长环境如何，但从妈妈的描述中，可以知道她讨厌生病，恐惧生病，这些感受是真实存在的。

这位妈妈困惑地问我"为什么女儿总觉得我在讲大道理"，我的回答是："因为你确实在讲大道理啊。"

让我们站在女儿的角度，看看她内心的想法：妈妈总是让我勇敢点，说害怕是怯懦的表现。我认为妈妈这样说，其实就是在指责我的胆小、怯懦，她根本不允许我对未知的、不好的体检结果有恐惧或者担心，似乎在妈妈眼里，我必须抛下真实的恐惧，说出"我不怕"才是正确的。

但我要的是妈妈能够理解我此刻的恐惧，难道就因为我曾经说过想要放弃，就代表我是胆小、怯懦、不敢面对现实的人吗？难道妈妈不知道那只是我的一种情绪宣泄吗？她不明白，我只是一时无法接受，生自己的气，才会抱怨为什么我会得这种怪病？其实我那样说，只是想要一个妈妈的拥抱而已，不用说话，抱抱我就好。

而妈妈却不懂我，不但不懂，还给我贴上很多不好的标签。妈妈根本不相信我的求生本能，不相信我是一个敢于面对体检结果不理想，但还一直坚持吃药的人。难道妈妈不知道我是多么想要活着，多么想要健康吗？

我的妈妈，本应是我在这世界上最可依赖的人，可她却不理解我……

怪不得女儿会说："我从来听不到妈妈的安慰。"

≫ 女儿的回答才是"标准答案"

相比妈妈讲大道理式的劝慰，我觉得女儿的回答才更具有抚慰作用。

先说说"不用怕"。当女儿说害怕抽血时，会因为害怕抽血就不抽吗？当然不是。女儿说怕抽血，只是想在最亲近的人面前撒个娇，得到一句"不用怕"的支持，仅此而已。这简单的三个字仿佛是妈妈在告诉女儿："不用怕，妈妈陪着你；不用怕，有妈妈在；不用怕，就算这世间有千难万险，你身边还有妈妈。"女儿要的，仅仅是句宽慰而已。但是妈妈给的，却是冷冰冰的一句"害怕是胆怯的表现"。

"如果检查结果没有问题，就不用再吃药了。如果身体还没好，就继续吃药，直到好了为止。"这听上去这好像是一句废话，可在现实生活中，我们说的大部分话本来就是废话。亲人之间，若说的都是"正经话"，那才是真的可怕。

我想，女儿其实什么都懂，她并不需要妈妈的过度安慰和担心，也不需要妈妈给她讲那些空泛的道理。她只需要妈妈重复一些她早已懂得的"废话"："对啊，如果检查结果正常，咱们就不用再吃药了。不正常，咱们就一直吃，直到完全好了为止。"

这样一句貌似废话的家常话，表达的却是妈妈内心的淡定。

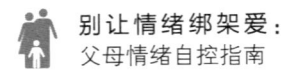

这句话说明妈妈没把女儿的病当成什么天大的灾难,有病吃药,没病就不吃药,仅此而已。病或不病,就和人生的甜或苦一样,没什么值得大惊小怪的。

妈妈如果能这样说,就等于告诉女儿:负面的情绪,比如恐惧、焦虑等,只不过像是草原上的一只豹子,如果你怕它,它就是一只凶猛的野兽,如果你不怕,它就不过是身边的一个凡常之物。**人与野兽可以在地球上和平相处,人也可以和自己的负面情绪和平相处。**

现在,还认为这句话没有力量吗?我想,真正的力量并不是石破天惊、铿锵有力的话语,而恰恰是顺其自然、淡然平和的人生态度。

女儿最后提出的示范回答,既能体现出妈妈对女儿的理解,又包含了妈妈淡定的心态,这些看似平常的东西,才正是女儿所需要的心理支撑。

所以,为什么女儿觉得妈妈说"你别害怕,有妈妈在呢"这样的话肉麻?那是因为:这根本不是妈妈的风格,这样说太假了,女儿觉得不适应。同时,女儿不是三岁小孩了,她不需要这种过度的保护。女儿需要的是妈妈把她当成一个成年人,理解她,用自己的淡定从容影响她、支撑她。

≫ 父母的身教远胜于言传

这位妈妈还问:为什么女儿学不会我的坚强呢?这是因为以下四点。

第一，妈妈从来没有给女儿成长的空间。 妈妈常常拔苗助长，用大道理要求她，但在心理上又把她当成一个幼儿对待。这样自相矛盾的抚养方式，会让女儿的能力无法获得真正的成长。

第二，妈妈的"外强中干"并没有给女儿树立勇敢坚强的榜样。 父母对孩子有潜移默化的影响，如果妈妈是勇敢坚强、淡定平和的，女儿也会习得这种品质。如果妈妈是一只外强中干的"纸老虎"，那么女儿也能够看穿其本质。案例中的妈妈虽然表面上看似很勇敢坚强，但她不敢和负面情绪共处，这本质上是怯懦的表现，女儿耳濡目染，也会受到影响。

第三，女儿还没有机会展示她的坚强勇敢。 坚强勇敢的品质，是在一个人独立面对困难时才会真正显示出来的。人都有潜能，在情况没有那么"危险"时，女儿并不需要特别坚强，因为平时父母已经替她承担了困难。在她还没有机会展示自己的坚强勇敢时，妈妈就说她胆怯，实在是没有道理。

第四，任意给孩子贴上"不坚强"的标签，只会让孩子变得更加不坚强。 判断一个人是否坚强勇敢，不能只看表面现象。坚强勇敢既不是靠嘴巴说，也不是打针时不皱眉就叫坚强勇敢。事实上，有的人外表柔弱，其实骨子里却十分坚韧。因为体检结果不好，发过几次脾气，妈妈就判定女儿不够坚强，随意给女儿贴上这种标签，妈妈的这种行为只会让女儿更加"不坚强"。

归根到底，如果父母想要让孩子如自己所愿，成为一个坚强勇敢的人，那么只需要做好自己该做的事，给孩子足够的心理支撑就够了。

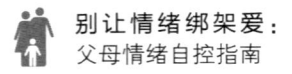

父母的身教远胜于言传，父母是什么样的人，远比父母说了什么话更加重要。

孩子的人生之路还很长，以后她会有很多锻炼自己、强壮翅膀的机会，家长不用为此过度担心。孩子的人生，最终还要她自己走。

有时候沟通很难，因为沟通结果常常和预期背道而驰。但有时候沟通也很简单，只要肯放下自我中心的评判，带着好奇心和同理心对待别人，那么沟通也能轻松自在地得到想要的结果。而怎么做，在于自己的选择。

否定：父母以为的"鼓励"，其实暗含着"否定"

一位家长讲述了孩子的一个生活片段。

孩子学习成绩不太好，上次数学考试只得了70多分。快期末考试了，老师在家长会上让爸爸回家好好督促孩子学习。爸爸回到家后非常生气，骂了孩子一顿。见孩子的表情快要哭出来了，妈妈赶紧"劝慰"孩子说："考得不好也没关系，咱们只要看看哪些地方不会，把它补上，下一次就能考好了。"结果孩子听了妈妈的话并没有得到安慰，反而气鼓鼓地冲进自己屋里锁上门，将自己关了起来。妈妈很困惑，不知道该怎么和孩子沟通学习的事情。

这是一个很典型的生活片段。生活中，很多家长都会使用类似"考得不好也没关系""做不到也不要紧"这样的话安慰孩子，而且还认为自己充分理解了孩子，但是结果却常常差强人意。这中间出了什么问题？

» 对孩子成绩的关心大于孩子本身

当妈妈说"考得不好也没关系"的时候，其实暴露的是她对

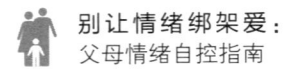

孩子成绩的关心,多于对孩子本身的关心。

客观地说,父母在意识层面肯定更在意孩子本身,但这并不意味着父母不在意除孩子本身之外的东西,比如成绩、排名等。甚至从某种角度说,父母的行为更能代表他们内心真实的想法。比如,当一次考试成绩下来的时候,父母的注意力常常先被成绩吸引,孩子的成绩好就高兴,不好就失望甚至愤怒。

究其原因,是因为大部分父母对孩子施加的是有条件的爱,也就是一种功利性的爱。大部分父母,自己的成长环境本身就充斥着功利性。在传统的养儿防老观念中,孩子是具有功能性的存在,其作用是"为父母养老",所以孩子成绩是否优秀,对父母是否顺从听话等,就显得格外重要。在这样的家庭氛围成长起来的孩子当上父母之后,也很容易不自觉地对下一代施加有条件的爱,拿自己的孩子和别人进行比较,经常评判孩子是否符合他们心目中的标准,这也成了抚养的常态。

"有条件的爱"无形当中向孩子传达一种信号:你只有足够优秀,足够听话,只有聪明、漂亮、可爱时,父母才是爱你的。**这种爱的方式会伤害亲子关系,破坏孩子的安全感,影响孩子的自尊水平。**

功利性思想在社会当中普遍存在,大部分家庭都存在程度不同的、功利性的爱,最可怕的是大多数家长对此并不自知,还以为自己对孩子有要求是对孩子好,这是一种认知上的谬误。

与有条件的爱相对应的,是无条件的爱。真正的爱是纯粹的,不需要过多的修饰。父母对子女的爱,本该是天然的、朴素的、不需要技巧的、发自初心的，正所谓"我爱你，没有原因，仅仅因为你是我的孩子"。

如果孩子能够感受到父母潜意识里散发的这种纯粹的爱的信号，他的安全感就会提升，自我价值感也会提升。从这个角度说，**一个人自尊、自爱、自信的基石，就埋藏在父母无条件的爱中**。

看到这里，很多家长可能会有一个困惑：无条件的爱是否意味着对孩子不提任何要求，全盘接受？答案是否定的，不过这是个宏大的话题，我们会用整本书的内容来探讨它。

≫ 父母委婉的安慰隐藏着否定

"考得不太好也没关系，下一次努力就能考好了。"不管言辞有多委婉，但还是表达出"你考得不好"这个信息，孩子接收到的依然是否定的信息。

出于自我保护的本能，人的心理会遵循"伤害优先"的原则。也就是说，与温暖美好的信息相比，人们更容易记住对自己有伤害性的信息。这些伤害性信息留存在潜意识中，就形成了不易觉察的潜意识。对于生活在父母批评多、接纳少的家庭环境中的孩子来说，否定意味着伤害，所以他们大多对否定信息格外敏感。

对于内心渴望得到夸赞，但却总是求而不得的孩子来说，当听到父母说"考得不太好也没关系，下一次努力就能考好了"这句话的时候，他感受到的并不是父母的安慰，而是父母一如既往的不满意和不满足，这会让他们产生很深的挫败感。

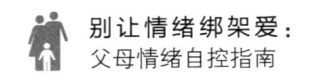

≫ 父母越关注学习，孩子越抵触学习

妈妈明明是在意成绩的，但却说"没关系"，这种内外不统一的表现，会让孩子感觉到妈妈虚伪。孩子之后的表现，也印证了对妈妈这种虚假豁达的愤怒。就像案例中那样，孩子并没有因为妈妈的宽慰而高兴，反倒气鼓鼓地跑进屋里，锁上了门。

相比成人，孩子的理性思维可能弱一些，但是感性的直觉却特别敏锐，这就是孩子的灵性。对于父母真实的想法，孩子总是能够准确无误地捕捉到。很多时候连父母自己都察觉不到，原来自己内心的真实想法，其实和嘴上说的一点也不一样。

"虚伪"是孩子的感觉，孩子会感觉到妈妈的关注点始终在成绩上，所谓的"考得不好也没关系"，只是想让自己更加努力，下次考取更好的成绩而已。当孩子有这种感觉的时候，亲子关系就会出现裂痕。

这里不得不提一个值得关注的心理现象：**负向强化**。

心理学有一个著名的白熊效应，源于美国哈佛大学社会心理学家丹尼尔·韦格纳的一个实验。韦格纳要求参与者尝试不要想象一只白色的熊，结果人们的思维却出现强烈的反弹，大家很快在脑海中浮现出一只白熊的形象。

白熊效应本质上是一种逆反心理。当父母越关注什么时，越容易对孩子造成一种心理上的刺激。**所以，父母越关注学习，孩子反而越抵触学习。**

在孩子的潜意识里，无形当中会把"学习"和"自我"对立起来,将对父母的愤怒迁怒到"学习"上。当"自我"和"学习"之间形成无意识的对抗局面时,就意味着两者的"关系"被破坏了,自然结果也不会好。

这就是为什么父母越使劲,孩子的反馈越差的原因。

» 善于给孩子自主"发声"的机会

妈妈还没等孩子开口,就主动说"考得不好没关系",这里面除了暗含对孩子的否定之外,还剥夺了孩子自主"发声"的机会。

我们知道,情绪尤其是负面情绪,是需要宣泄的,它既不能压抑,也不适合转移。而宣泄的主体,应该是有情绪的人,具体到这个案例中,就是孩子。在孩子还没有充分表达自己的情绪时,妈妈就抢先说"没关系",这就等于是把孩子的情绪堵住了。

所以,家长共情的第一步是**贴近孩子的感受,理解孩子的情绪**。第二步,则是**启发孩子,进行情绪宣泄**。

妈妈可以在适当的时机和孩子进行沟通,问问孩子的感受。说不定孩子会对成绩或者考试有很多话想说,比如自己的郁闷、委屈、意外,明明很努力但结果还是不好,自己接下来计划采取什么行动来查漏补缺,或者说这次卷子太难,全班成绩都不太好,当然也有可能说自己对这个成绩还是挺满意的。

无论孩子说什么,父母都要给孩子充足的时间去倾诉。倾诉的过程,就是一个释放情绪的过程。在这个过程中,父母只需要认真倾听,不加评判。非评判的态度,本身就是对孩子的心理支撑,父母没有必要"违背本心",虚伪地说"没关系"。"没关系"

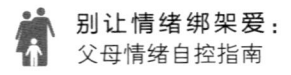

应该是疏导自己之后的真诚接纳，而不是自认为说"没关系"就能达到安慰孩子的目的。

如果父母实在做不到接纳，也可以先选择少说或不说，但是不要说与自己的真实意愿背道而驰的话。

≫ 学会转换视角，对孩子正向引导

如果父母看问题的视角发生转变，从消极转向积极，自然也会得出完全不同的结论。比如，同样是一份 70 分的卷子。如果妈妈从以下三个方面去看，就会有不同的感觉。

首先，70 分代表着考核的内容有一多半都被孩子掌握了，未被掌握或者掌握不好的，只占 30%。对付这么小的困难，其实不难。

其次，这一次成绩比上一次提高了一些，这充分说明了孩子的进步。

最后，考试卷子毕竟只能考所有知识点的一部分，不可能涵盖全部。它能反映出孩子在学习上的一些问题，但不是所有问题。所以对于这张试卷，它的准确理解应该是：在这张试卷所涉及的知识点中，孩子掌握了 70%。

如果父母能从一个比较积极的角度去看待同一张试卷，那么孩子的视角也会受到影响。这并不是教给孩子盲目自信，而是不过分向孩子强调挫折，让孩子以轻松的态度面对人生的各种考验。

教育问题常常以小见大，家长对待一张试卷、一次成绩的不同反应，体现出的是家长认识问题的不同角度。**孩子应对问题的方法和态度，就藏在家长的认知水平中。**

细节：家庭教育的质量体现在细节中

有一次，我去一所小学为家长开座谈会。我到达校门口时，正值学生放学，大批家长正在接孩子回家。我在学校门口停留了几分钟，观察到几个生活片段，虽然是些鸡毛蒜皮的小事，却能反映出一些家庭教育的问题。

片段一。

一位妈妈带着刚放学的女儿，走进了学校门口的小超市。妈妈指着架子上的商品对女儿说："这上面的东西你可以随便挑。"女儿惊喜于妈妈的慷慨，正准备朝自己想要的东西伸手，没想到妈妈紧接着说了下一句话："只能买蛋糕和面包，除了这些，别的都不可以买。"听到这句话，女儿没有继续动作，只是仰着脖子，怯生生地站在货架旁边，一脸茫然。

片段二。

一个小男孩兴高采烈地冲出校门，来到爸爸身边。爸爸拉着男孩的手，语气严肃地说："你如果在今天晚上九点之前完成全部作业……"话还没有说完，就被男孩打断："我的作业都已经写完了。"爸爸一愣，好像不太相信，又重复问了一句："都写完了？"男孩提高声音重复了一遍："我在学校里已经把作业写完了！"爸爸脸上终于露出了满意的微笑，说："写完作业你就自由了，今天晚上给你一个惊喜。"男孩问：什么惊喜？爸爸故作神秘地说："晚上你就知道了。"男孩听完蹦蹦跳跳地跟着爸爸走远了。

片段三。

一对母子并肩行走，妈妈叮嘱孩子："你明天上课的时候……"男孩打断她说："明天我们不上课。"妈妈很惊讶："不可能吧？"男孩急得脸色通红，辩解道："真的不上课，明天我们学校举行体育节。"妈妈放心下来："哦，明天不上课啊……"

以上三个片段都是生活中一些极为平常的小事，但却可以以小见大。事实上，**这些不起眼的生活片段中，家长的语言、神态、行为的组合，日积月累，潜移默化，构成了每个家庭教育的整体。**所谓言传身教，大抵如此。

≫ "控制"会扼杀孩子的生命力

片段一中，这位妈妈的"慷慨"从本质上看就是有问题的。细细体味，就不难体会出"这上面的东西你可以随便挑"中隐含的傲慢。对家庭教育的细微之处体察得越准确，越有利于觉察出真正的问题所在。

现在我们仔细想想,在什么情况下会使用类似"这上面的东西你可以随便挑"的语气说话。

如果面对自己的领导,这位妈妈会用这种语气交流吗?答案显然是否定的,**只有"上"对"下","控制者"对"被控制者",才会使用这种内含优越感的语式**。这句话的潜台词是:"我才是掌握'生杀大权'的人,买或不买我说了算,所以我可以对你'慷慨',也可以对你'吝啬',权利掌握在我手里。"

这就不难理解,在说完这句话之后,这位妈妈又接了一句"只能买面包和蛋糕,除了这些,别的都不可以买"。如果把这两句话单独拎出来看,大部分人能比较清晰地感觉到后面这句话里包含的控制,但实际上这两句话的本质都是一样的,传递的都是妈妈的强势。而且当一个人的控制欲比较强时,便会在生活中的各个细节中都流露出这样的特质。

所以,除了比较明显、易于觉察的控制,家长还要警惕自身控制的"变种"。在家庭教育中,倾向性协商、高期待、过度教育,本质上都是家长对孩子控制欲的体现。这些控制的"变种",即使披上了关爱的外衣,依然改变不了父母操控孩子的本质。

控制的内核是"以家长为主导,实施对孩子的操控",而**在任何关系中,有控制就有反抗**,孩子身上的绝大多数问题都和父母各种形式的控制有关。所以,父母想要创造良好的亲子关系,就需要尽量去除自己的控制。

去除控制的关键点在于自我觉察。不少家长感觉不到自己的

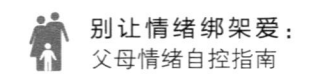

控制欲，甚至还自认为自己很民主，这样会为亲子关系埋下隐患，并且随着时间的推移，亲子矛盾会暴露得越来越明显。一个比较简单的自我觉察的标准是：只要家长觉察出自己有"孩子不按照自己的想法、要求、标准、期望行事时，自己就会失望"的想法，其背后或多或少都是控制欲在作祟。

>> 按照年龄阶段特点"抓大放小"

片段二中，爸爸给孩子安排学习任务，似乎已养成脱口而出的习惯。这种习惯性的动作里，包含着父母边界不清、过度干涉和包办控制的行为特点。

在家庭教育中，抓大放小和按年龄阶段特征进行养育是一个基本原则。在孩子6岁之前，正是对孩子实施情感抚育、与孩子建立依恋关系的重要阶段。在这个阶段，父母需要多关注孩子，和孩子多交流互动。年龄较小的孩子，对父母非常依恋，他们喜欢和父母待在一起，以获得安全感。这个时候父母如果能够耐心地教导孩子，对日后为孩子树立规则、建立良好的亲子关系大有裨益。

但是在孩子11~12岁进入**青春期之后，父母就需要尽量减少对孩子的干涉**。这个阶段是一个人形成同一性的关键时期，孩子所面临的最主要的心理冲突，就是"同一性与角色混乱"这组矛盾。在这个阶段，孩子的自主意识萌发，需要通过多种人格和角色实验来发现、认识和整合自己，父母的干涉、批评和倾向性引导等，都会打扰青少年的自我探索，因为他们正沉浸在自己的世界里，按照自己成长的秩序自然生长，此时父母过多的干涉，会让孩子非常反感。

▶ 避免向孩子投射不信任

在片段三中，当孩子说"明天不上课"时，妈妈的第一反应是："不可能吧？"这句话接得无比自然，还未经过思考，就已经先把怀疑说出了口。这充分说明了妈妈对孩子无意识的不信任。

我相信，如果我们采访这位妈妈："你相信自己的孩子吗？"她大概会回答："当然相信。"但是更多的时候，无意识的行为恰恰暴露了一个人的真实想法。

所谓无意识行为，就是下意识的、不经过大脑思考的行为。从某种意义上说，"无意识"比"意识"更真实，更能体现一个人真实的内心想法。

孩子总是能敏锐地觉察父母真实的内心想法。一个不被父母信任的孩子，他自己也不容易产生自信。

本质上说，**父母对孩子的担心、焦虑和警惕，都是父母自己内心世界的镜像反应，也就是投射**。安全感相对缺失的家长，相较于安全感充分的家长，会更容易关注危险信息。他们一方面会反复提醒孩子哪儿有危险，另一方面也会无意识地瞪大双眼，密切关注着孩子的一言一行。

片段三中这个妈妈，与其说是不相信自己的孩子，不如说是她具有不信任外界的人格特质。她很可能对外界保持着无意识的防御心理，但当她的这种防御心理放在孩子身上时，孩子感受到

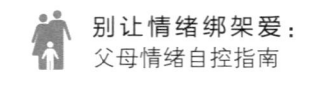

的就是不被妈妈信任，由此造成心理上的伤害。

没有人喜欢不被信任，在这个案例中，我们可以看到孩子着急辩解"真的不上课"。他为什么会这样强调呢？原因就在于他在妈妈的质疑中，受到了不被信任的伤害。

不被父母真正信任的孩子，可能会成为一个"自我证白型"的人，对别人的不信任和否定非常敏感，在表达自己的观点时，说话也会特别"绕"。比如阐述时先做大篇幅的铺垫工作，之后才会进入主题。这种无意识的证白，也是基于伤害产生的防御性心理。

孩子年龄小时，被妈妈怀疑之后，通常会采用面红耳赤的证白模式。当他进入青春期，就有可能会表现得非常逆反，甚至充满敌意。那个时候，也许他的妈妈会非常恼火和茫然，为什么一贯乖巧的孩子会变成这个样子。

实际上，在青春期收获的"逆反"，都是在前期种下的种子。当父母之前给孩子的多是否定、怀疑和控制时，就会在青春期时集中收获自己种下的"恶果"。

父母如果想要改变自己，就需要在细节上"做功课"，细致地观察孩子的反应，客观认识自己的态度。

误会：世界上最伤人的误会，是父母对孩子的误会

这世界上最伤人的误会，恐怕就是父母和孩子之间的误会了。父母认为："我那么爱孩子，把最好的都给了孩子，但孩子却毫不领情，叛逆难驯，实在令人心寒。"孩子却说："孩子的天性是忠诚于父母，但是为什么'伤害'我最深的也是父母？"

父母和孩子，本该是世界上最亲密无私的关系，怎么就走向了互相不理解的道路呢？问题到底出在哪里？

一位女士向我讲述了她与侄子之间发生的故事。这个故事虽然发生在侄子和小姑之间，但是对于父母和孩子，仍然具有借鉴意义。

> 侄子的父母早年离异，当他还在婴儿时，就被送到爷爷奶奶家生活，父母在其成长过程中基本是缺位的。爷爷奶奶对这个孩子的照顾，集中在保证温饱的抚育阶段，主要关心孩子的"吃、穿、用、住"，对孩子精神上的支撑并不多。孩子的奶奶，平时对孩子控制较多，孩子有明显的逆反心理，相比之下，孩子和小姑的关系更为亲密。可是近些年，随着小姑结婚生子，姑侄之间相处的时间越来越少了。

孩子进入青春期后，有比较明显的适应不良反应，经常心情不佳。小姑为了宽慰侄子，提议在寒假期间带侄子一起出门旅游，同行的还有小姑的丈夫和两个女儿。一趟旅行下来，侄子的表现令所有人不满，小姑形容说："一路上总是闹别扭，特别不懂事。比如到了海边，问他要不要去赶海，他说不要。问他要不要吃海鲜，他说不要。问他要不要一起去游乐场玩，他说没兴趣。"侄子的表现也令姑父很不满意，小姑夹在中间觉得很没面子，左右为难。回家后，小姑向孩子的奶奶抱怨，因为在气头上，忍不住地说了句："看见他那个样子，真想抽他一顿。"

没想到这句话恰好被侄子听到，他冲过来向她怒吼："你抽我啊！原来你早就看不惯我，又何必那么虚伪！"

两人不欢而散，小姑气得很长一段时间没再搭理侄子。过了一阵子，侄子又主动找小姑说话，两人的关系才又恢复了正常。小姑表示，自己现在有小家庭，侄子在中学学习也很紧张，所以两人的交流并不多，只是偶尔在一起吃吃饭，她能做的也就是带侄子吃顿大餐。至于心理方面的支撑，小姑能给的实在有限。

听完这个故事，我陷入了沉思。孩子的心理伤痕如此明显，但是孩子的亲人却根本感受不到，这也许就是父母和孩子不能同频共振的根本原因。

第一章
做情绪稳定的父母，需关注八个关键词

≫ 走进"拧巴孩子"的内心世界

我们可以尝试进入案例中侄子的内心世界，看看那里发生了什么。

第一，父母角色缺位，带给孩子的是一种终生无法磨灭的阴影。对孩子来说，深刻的"被遗弃感"深入骨髓。当一个人有强烈的被遗弃感和不安全感时，表现出来的一定是极强的防御意识，也就是自我保护意识。

第二，他没有得到优质的亲密关系，没有获得情感的联结，所以内心对于情感方面的渴望极其强烈。但同时，出于强烈的本能的防御心理，导致他的行为经常"纠结"：一方面渴望和亲人（姑姑）发生联结，但同时又不知如何在这种关系中相处。他表现出来的不合群、冷淡、不懂事，实际上都是源于这种深层的矛盾和内心冲突。

当一个人处于防御状态时，会不可避免地出现警惕、怀疑和对别人不友善等行为，这些表现对自己和人际关系都是一种伤害。

第三，出行过程中，看到姑姑一家人其乐融融的场面，对心理层面孤苦无依的侄子来说，是一种强烈的刺激。这种刺激会激发他内心深处的被遗弃感和自卑感，导致他因为受伤而产生一种无名的愤怒，正是这种情绪引发了他的那些"不可理喻"的行为。

第四，当亲人只看到现象（他的不合群），却无法感知孩子的内心世界，无法理解他的感受时，孩子得到的是一种伤害的叠加。他会更深地进入防御模式，将自己包裹起来。当他在自己贫瘠的

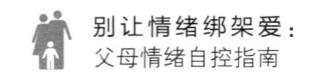

感情世界里，听到几乎是唯一能给自己带来亲近感的姑姑，居然也在背后责骂自己时，他的内心是崩溃的，他对世界的不信任和孤独感会全部爆发出来。他的暴怒，表现出的是一种自毁的倾向。

第五，孩子后来主动示好，很大程度上并不是他真的"认识到自己错了"，而是因为他在内心深处不敢真正地切断与姑姑的关系。姑姑的生气让他内心深处"我错了，我不好，我是没人要的"这种信念卷土重来，为了重新获得关系的联结，他压抑了自己的真实感受。但是这种压抑的情感，对他来说是非常有害的。

第六，这个内心世界千疮百孔的孩子，或许将用他的一生修复创伤，但是很难完好如新。也许他还会一生纠缠在"关系"的漩涡中：极度渴望关系，但又恐惧关系，左右摇摆，纠结拧巴。

≫ 父母和孩子的误会源于"伤害感"

一个孩子的内心比世界上最珍贵的陶瓷还易碎，父母养育孩子的过程中，如果能尽量避免带给孩子伤害感，本身就已经是成功的教育。

在此有必要谈一谈"伤害感"这个话题，因为在很大程度上，父母和孩子的误会就源于此。

"伤害感"是一种情感体验，每个人在成长过程中都或多或少地体验过这种感觉。

父母与子女之间的误会主要在于：父母认为他们给了孩子最好的东西，但是在给予的过程中，因为方式不恰当，让孩子体会到了强烈的"被伤害的感觉"。

这种感觉是不是真正的伤害？我想判断的标准不在父母，而在于孩子。只要孩子感觉到痛，就意味着对他而言产生了心灵创伤。但是这与父母的初心并不矛盾，也就是说承认创伤并不意味着否认父母的本心。

对于有些父母来说，孩子的"痛"，是一种自己无法面对的被否定感。如果承认孩子痛了，就意味着承认自己是"错误的""失败的"，所以父母会本能地抗拒。可是这种抗拒在孩子眼里，就是对自己真实感受的否定，是父母对自己的不理解。在这种情况下，双方的矛盾就会越来越深，逐渐成为无法逾越的鸿沟。

在家庭教育中，"无痛"很重要，这是衡量父母教育水平的重要标准之一。 然而，问题的关键在于：怎么才能让孩子感觉不到痛，同时又能把"正确的内容"输送给孩子呢？

如果父母一时不知道恰当的方法，那至少要先有意识地避免使用错误的方法。比如控制、指责、唠叨、讲大道理、忽视、敷衍、包办替代，等等，这些教育方式几乎都是"有痛"的，因为它们都会让孩子感受到伤害，会让孩子感受到不被理解、不被尊重、不被接纳、不被爱。

▷ "玉不琢，不成器"，值得我们细致推敲

曾经有一个读者在我的文章下面留言："控制不应该被全部否定，'玉不琢，不成器'，这句话是有道理的。人生最宝贵的经验，为何不能传授给孩子呢？ 至于信任问题，你会发现，并不是你无条件地信任一个孩子，这个孩子就是诚实的。人格，很大一部分

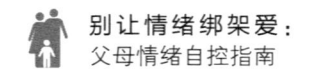

受先天因素的影响。"

这个观点很具有代表性，甚至获得大部分父母的赞同，所以有必要对此问题进行深入探讨：这个观点真的有道理吗？

第一，"玉不琢，不成器"，但是应该怎么"琢"呢？换言之，人生最宝贵的经验，应该用什么方式传授给孩子呢？

"雕琢"这个词，饱含了人为干预的色彩。按照这位读者的逻辑，大概表明是可以使用"控制"的方法教育孩子的。然而，雕琢和传授有很多种方法，为什么非要使用"控制"呢？控制带来的体验一定是不舒适的，因为**包括孩子在内的每个人都需要自我掌控感，都希望自己的事情自己可以做主，这是人的基本天性**。很显然，被别人控制与自我掌控是完全冲突的。因此，"控制"这种教育方式，带来的肯定不是"无痛"的体验。

哪里有压迫，哪里就有反抗；哪里有控制，哪里就有逆反；哪里有伤害，哪里就有防御；哪里有包办，哪里就有懒虫。当父母抱怨自己付出了全部，收获的却是孩子的不理解和叛逆时，当父母捶胸顿足抱怨孩子冷漠无情时，也许需要反思：自己的教育方式是不是出了问题？

第二，人生最宝贵的经验，需要"传授"给孩子吗？

当父母有这种想法的时候，已经无意识地将自己"凌驾"于孩子之上了。换言之，这种想法的潜台词就是：相比孩子，父母是更高明的，懂得更多道理的，所以父母需要向孩子传授经验。但是，如果父母从内心深处认为自己高于孩子，那么在和孩子实际相处中，恐怕就很难做到把孩子当成一个和自己平等的、人格独立的人，自然也就容易侵入孩子的心理边界。

试想一下，如果孩子本来有能力管理自己的事务，但因为父母认为孩子什么都不懂，强行替他做决定，那么这个孩子的自我管理能力如何得以发展？一个没有自我管理能力和意识的孩子，又怎么能像家长希望的那样，在将来的学习问题上保持高度的自律呢？

恰当的做法是：在孩子力所能及的能力范围内，给他足够的空间进行自我管理。对于超过孩子能力范围的部分，家长作为辅助，在一旁进行引导。引导的时机和方式，是家庭教育中的难点，基本原则是：**只有当孩子主动求助时，家长才出手；在引导时，家长的角色不是标准答案的输出者，而是启发孩子思考的引领者。**

》 塑造孩子的人格，"先天因素、后天环境"缺一不可

最后探讨一下这位读者关于孩子的人格的观点。他认为，孩子的人格很大一部分受先天因素的影响，并非我们给予孩子足够的信任，他就能够拥有诚实的品质。这句话表达的思想有哪些问题呢？可以从以下三个方面进行分析。

第一，心理学研究表明，人格是先天因素和后天环境交互作用、互相影响的结果。但是两者却无法分开讨论，没有人能统计出人格中有多少受先天影响，它的比例是多少，程度是多少，只能说两者对人格都有影响，而且是互相影响。所以，把一个人的人格完全推给先天因素本身就不科学。按照这位读者的逻辑，有的孩子先天就带着撒谎基因，先天就不诚实，后天再怎么给他信

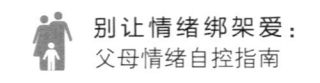

任都不可能改变。这种说法没有科学依据，相反，更像是家长推卸责任的说辞。

第二，一个人的先天因素对人格的影响，除了无法改变的基因以外，还包括"基因的表达"。有研究表明，同样的基因链，在不同的养育环境下，会产生不同的结果。有的基因会被充分地表达，而有的则会"萎缩"。所以，先天因素固然重要，但是后天因素的影响更加不能忽视。

第三，当家长从内心深处就对孩子不信任时，必然会对孩子施以"你不可信"的心理暗示。**人是非常容易受到暗示的动物，家长的潜意识对孩子来说就是最坚定的暗示，并能够对孩子的人格塑形。**

归根到底，父母与子女的误会来自双方不能互相理解。在父母抚养孩子的过程中，有很多是父母遵照自己的感觉和原有经验对孩子进行养育，对于家庭教育的原理，很多家长理解得并不透彻，自然在实践中就会无意识地给孩子造成"伤害性体验"，这样的结果并非家长本心，但却需要家长在日常生活中细细觉察。

第一章
做情绪稳定的父母，需关注八个关键词

共存：给予孩子心理支持和引导，不是一道单选题

分享一封来信。

> 你好，唐糖老师！
>
> 我女儿在上小学一年级，她本来是一个性格活泼的女孩，但我发现她最近不喜欢和同学说话了。女儿的性格有一些霸道，其他小朋友要是跟她一起玩，她就喜欢控制他们。现在女儿在学校里遇到了性格和气场都比她强大的同学，她就不爱说话了，有的时候别人跟她打招呼她都不愿搭理。面对这样的情况，我考虑要不要引导她学会和不同性格的人相处，以免她以后在人际交往中不合群。但反念一想，每个人都有适合自己的那个群体，孩子也跟我们成人一样，所以我是不是应该尊重她，让她自己去发展社交呢？您能给点建议吗？

这封来信并不长，家长仅仅是描述了一些现象，包含的信息量也有限。我尝试着根据这些有限的信息做一个分析，从心理学的角度探究一下这个孩子的内心世界。

一个人的核心人格形成于六岁之前，信中的这个孩子现在上小学一年级，基本上是核心人格已经形成的年龄段。一般说来，

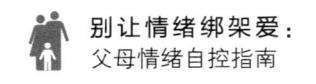

早年和父母关系良好的孩子，会形成比较健康的核心人格。就像文章中这位妈妈所说，孩子是一个比较活泼开朗的女孩，这说明这个孩子的核心人格建立的比较完整。我想，这和家庭给予了孩子比较宽松的抚养环境密不可分。

"以铜为镜，可以正衣冠；以史为镜，可以知兴替；以人为镜，可以明得失。"同样，**以孩子为镜，父母可以反思自己的教育方式**。

在文中，孩子的妈妈提到"女儿的性格有一些霸道，其他小朋友要是跟她一起玩，她就喜欢控制他们"，孩子的这种行为表现，同样也可以折射出其父母的教育。

≫ 孩子控制行为的本质：恐惧

控制是人的天性，婴儿天生会用持续不断地啼哭来引起妈妈的注意，"控制"妈妈为自己的需求服务。已长大的孩子和成人，也会有控制别人的欲望。从表面上看，喜欢控制别人的人，似乎在关系中处于比较强势的地位，但实际上喜欢控制他人，往往是基于内心的怯懦。

这可能让人惊讶，控制欲强的人怎么会怯懦呢？可以想一下，我们什么情况下会特别想控制呢？答案是：我们不能控制的时候。比如我们从来不需要刻意控制呼吸，因为每时每刻我们都在呼吸，不需要刻意地控制它就能实现自主呼吸。但是，我们如果想控制另外一个人的思想跟我们保持一致，就很难了。所以，孩子喜欢控制别人，本质上可能是因为"控制无能"，再往深处挖掘，就是安全感不足。

妈妈描述说"女儿在学校遇到了性格和气场都比她强大的同学，她就不爱说话了"，女儿的这个行为表现和验证了这一点。我们可以看出，女儿在面对那些潜意识里感觉无法掌控的人（气场更强大的孩子）时，会有恐惧的心理，并产生了回避的行为（不愿说话）。所以，恐惧心理才是孩子产生控制行为的根本原因。

≫ 孩子控制行为的来源：习得

孩子是最擅长观察和模仿学习的。当家长发现孩子有喜欢控制别人的行为倾向时，就意味着家长也需要看一下，自己平时是否对孩子有较多的控制。

可能这位妈妈并不认为自己对孩子有控制，因为她看上去是一个比较开明的家长，但是事实未必真的是这样。大多数时候，我们潜意识释放的信号远远超过意识层面。也就是说，很多时候家长在意识层面认为自己并没有控制孩子的行为，也没有控制孩子的想法，但这并不表示家长实际上没有操控孩子。

家长的控制不一定非得有明确的命令，有很多时候，家长的一个眼神，一个表情，都已经透露了对孩子行为的态度，而这些信息会被敏感的孩子接收到。

比如说当孩子吃零食时，很多家长内心是不愿意的，但是家长未必会采用强行禁止的方法夺走孩子的零食，可能只是无意识地撇撇嘴。但当这个表情被孩子捕捉到，他就会明白：妈妈不喜欢我吃零食，我吃零食妈妈会不高兴。

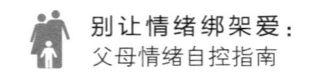

越小的孩子，对父母的态度越在意，对父母潜意识的真实想法捕捉得越清晰。

如果父母对孩子有各种形式的控制，那么孩子很可能就会习得父母教育自己的这种方式，也用控制别人的方式去对待别人。同时，也会对控制与非控制非常敏感，比如她会很敏感地捕捉到比她更强势的小朋友，进而选择退缩。

≫ 对孩子持抱持性态度≠没规则和不引导

抱持性态度强调的是给予孩子充分的爱、理解、接纳和支持，让孩子在一个温暖、安全的心理环境中成长。但这并不意味着完全放任孩子，没有任何规则和引导。

来信的这位妈妈似乎对孩子喜欢控制他人的行为并不在意，她比较关心的是孩子遇到气场更强大的同学之后，变得不爱说话的现象。对此现象，她的疑惑是："要不要去引导孩子学会和不同性格的人相处""是不是应该尊重孩子，让她按照自己的心意去发展社交"？

这里面实际上有一个概念上的误区：尊重孩子的个性和引导孩子的行为，两者并不冲突。

在心理上，家长要充分理解和贴近孩子的感受，但是从行为上，家长仍然可以对孩子进行引导。这种引导不是用家长自己的对错观对孩子进行评判，或者强行违背孩子的意愿，逼迫孩子按照家长认为正确的方式采取行为，而是要及时察觉孩子在社会交往中的困难，引导孩子思考，启发孩子用更具建设性的方式解决问题。

比如说孩子喜欢控制别人，那么孩子的这种行为可能会带来人际关系的不和谐。家长可以在一旁观察孩子，很多时候孩子在探索的过程中，自然会通过他人的反馈觉察到自己行为的不恰当，从而做出修正。但是，如果家长能在适当的时机对孩子加以引导，启发孩子换位思考，也是不错的选择。

关键在于，家长对孩子的引导是在**充分理解孩子心理层面**行为机制的基础上进行的，既不是简单的说教或禁止，也不是直接告诉孩子"你就这么做"。

比如，父母可以启发孩子换位思考："如果其他小朋友用你刚才的语气跟你说话，你的感受是什么？你更希望别人用什么语气跟你说话呀？"通过交流，让孩子学会换位思考，自主选择其他方式进行人际交往，这个过程就是家长对孩子的引导。

同样，孩子遇到气场强大的孩子变得不爱说话，这背后又是什么原因呢？家长需要和孩子沟通，了解孩子真实的感受，然后再根据原因做出不同的引导。

比如，如果按照信中的内容，孩子不爱说话的原因可能是遇到了比自己更强势的孩子。面对这样的情况，妈妈最应该担心的，不应该是孩子"以后在人际交往中不合群"或者"是不是应该尊重她，让她自己去发展社交"之类的问题，而是需要解决为什么孩子遇到更强势的孩子就变得不爱说话的问题。

如果孩子心理上没有太大的冲突，只是因为个人好恶做出选择，比如爱吃萝卜，不爱吃米饭，那么家长不一定非得强迫孩子改掉这种喜好，可以使用替代的方式或者找出孩子不喜欢这些东

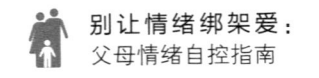

西的原因加以解决。但是，如果孩子本身在心理上出现了矛盾和冲突，比如孩子实际上是愿意和小朋友玩的，只是因为遇到了更强势的孩子，就产生了害怕或回避的情绪，这时候就需要家长进行引导了。

家长在引导的过程中，需要**充分听取和尊重孩子的感受，充分地启发和提问，尽量不主动给孩子灌输方法，要对孩子的思考表示鼓励，允许孩子去试错**。具体的引导方法，需要根据实际情况做出灵活的调整，我们也会在后面的章节中进行详细的示范。

父母和孩子在人格上是平等的，相较于孩子，父母有更多的人生经验和阅历，但与此同时，也容易受到这些经验的桎梏，将这些经验僵化。当孩子遇到困惑的时候，父母最好也能够认真思考，尽量有意识地跳出自己的经验限制，高屋建瓴地引导孩子。当父母在引领孩子的过程中发现孩子有回避或固化思维的时候，更要开动脑筋，以科学的方式引导孩子走出局限。

家庭教育是一门内容高深的学问，家长需要在养育孩子的过程中仔细品味，用心对待。给孩子健康的抚养环境，培养孩子健康的人格，是对孩子最好的爱，这种爱会让孩子受益终身。

麻木：看不出孩子的问题，才是真正的问题

以下内容摘自一位中学生的作文，题目是：《我的烦恼》。

生活很累，真的。不知怎么的，自从上了初中，我开始变得不愿与人交流了，还时常把自己伪装起来，因此我给别人的第一印象就是内向。其实，我的性格很开朗，只是有点怕生。在朋友眼中，我就是一个开心果，可为什么在别人眼中，我却是内向、不爱说话了呢？因为……自卑吗？

我的皮肤有点黑，好吧，不是有点。一个男生经常说我黑，还给我起绰号，叫我黑猪，尽管我知道这是在开玩笑，可是真的很过分，看在小学六年同学的情分上，我也不想与他计较什么。但是，我没有想到，他在同学录上写下的话，内容都是"皮肤太黑了，你真黑，你肯定来自非洲"一类的话。皮肤黑怎么了？违法了吗？当然，不仅仅他，也有其他很多人说我黑，我不愿理他们，因为不在乎，根本不在乎，真的不在乎。

当然会在乎。我拼命洗脸，用洗面奶，用香皂，用一切我认为能让我看上去白一点的东西。用完了以后，

我又拼命地把脸擦干净，涂防晒霜，只是为了让自己白一点。

活在别人的眼光里累吗？累啊。为什么不让自己活得快乐一点呢？对啊，为什么要在意别人的看法呢？我心想：如果别人再嘲笑我，我不会再憋着，我要怼回去，狠狠怼回去。可是，想法终究是好的，现实中却不会允许你这样做。父母跟我说，自己又不是成绩很厉害的人，就别找事了。是啊，我是谁呢？我什么都不是。我的想法算什么呢？怼回去，你配吗？父母并没有真正地理解我，但他们是好父母，只是我不好罢了。我开始不愿意把心里的事告诉他们，受了委屈也不愿意倾诉，得了奖，受了表扬也不愿说出来，因为那会让别人认为我是一个充满负能量的人。

现在的我，比较期待一场突如其来的死亡，死了，什么也不用担心了。我呢，再也不是我了，白天戴着面具微笑着讨好别人，晚上摘下面具自己偷偷哭泣，因为不想让别人知道，包括父母。有人说我坏话，当没听见就行了。生活，就让它这样过吧！

在班主任眼中，这个孩子的形象是这样的：永远不抬头，头发遮着眼睛，每天用笔在纸上写写画画，不喜欢和同学交流。看了作文，班主任和孩子家长进行了沟通。孩子的妈妈性格直爽，能说会道，孩子的爸爸不善言辞。对于孩子作文里的内容，妈妈认为孩子的性格是天性使然："随她爹。"并且妈妈坚持认为自己和孩子的关系挺好的。

从孩子的作文中，我们可以看出她有一些抑郁的情绪，但是妈妈却对此浑然不觉，甚至还认为自己和孩子关系没有问题。

孩子出现了问题也许是问题，但是家长完全看不出孩子的问题，就更是问题。

≫ 青春期的孩子格外脆弱

美国心理学家、教育学家斯坦利·霍尔在他的著作《青春期》中，将青春期比作狂飙运动，**抑郁情绪也是青春期的孩子经常有的情绪**。在这个特殊的年龄阶段，他们的心理状态很不稳定，敏感脆弱，稳定性差，处于心理上的动荡时期。

在这个时期，如果父母不能够很好地理解孩子，就很容易对孩子脆弱的心灵造成刺激，造成他们内心的封闭和对抗。在这个阶段，父母和孩子之间的沟通质量显得格外重要。

在这篇作文中，孩子写到，面对男同学的不当行为，父母跟她说的话是"自己又不是成绩很厉害的人，就别找事了"。孩子对这句话的理解是：父母让她面对同学的羞辱选择隐忍压抑。正因为孩子这样的解读，才会出现随后一系列自怨自艾的声音："是啊，我是谁呢？我什么都不是。我的想法算什么呢？怼回去，你配吗？"

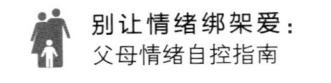

≫ "无人可依"的心理状态最致命

对于自己遭受羞辱，孩子表现出来的是"无人可依"的心理状态。在班主任和孩子妈妈沟通之后，妈妈解释说，她对孩子遭受同学羞辱后想要表达的真正意思是："希望孩子多和同学沟通，因为你不是成绩那么厉害的（优秀的）人，所以不要不和同学玩（即使是说她黑的同学）。"可以说，这和孩子的理解还是有较大的偏差。

为什么会出现这种理解的偏差？这种偏差仅仅是孩子的问题吗？

事实上，无论妈妈再怎么对自己的真实意思进行解释，都显得很苍白。这句简单的回答，背后反映出来的问题是：**父母对孩子心理诉求的忽视，对孩子面对伤害时的麻木，以及物化孩子的价值等一系列问题**。接下来，我们就对这一事件进行仔细的分析。

第一，面对来自男生的"恶作剧"，女孩虽然已经感觉到对方给她带来了被羞辱的伤害感，但是仍然劝慰自己"这是在开玩笑"，并找出"看在小学六年同学的情分上"这样合理化的理由原谅对方。她之所以对自己的真实感受选择压抑，是因为她除了压抑，似乎别无选择。即便最该保护和理解她的父母，也并没有把她受到羞辱这件事太当回事。

第二，父母用"厉害"这个词形容成绩好的同学，反映出家长本身"唯学习成绩论"的物化标准。简单地说，因为衡量标准太过单一，所以就会出现只强调可以物化的成绩，忽略对人性理解的现象，这对于孩子来说其实是不公平的。

第三，妈妈在跟老师对话时说孩子成绩不好，"不应该不和别人玩"，这样的态度明确地传达了这个家长的价值观：只有成绩厉害，才配拥有选择朋友的权利。如果不厉害，那么连表达自己的资格都没有。显然，在父母的价值体系中，成绩好坏决定了一个人选择朋友和生活方式的资格。对于成绩不好的孩子来说，这种价值观显然是具有伤害性的，这会让孩子感觉到在父母眼中，自己的价值也需要依靠成绩是否"厉害"来衡量，而非自己的存在本身才是最大的价值。

第四，父母的言语里透露着明显的慕强心理。慕强心理的本质是低自尊，将自己置于较低的位置，而对"位高者"表现出讨好的味道。这种人格的虚弱会被孩子感知，这样孩子除了感受到不被理解之外，还会产生一种更深层次的孤独感：我的父母尚且如此软弱，那我在世界上还有谁可以依靠呢？

如果一个孩子的脆弱情绪被忽视，没有得到及时和恰当的疏导，他就可能会越来越紧闭心扉，不愿和外界交流。 再加上青少年自身的认知水平有限，容易产生认知偏颇，这种情况下，孩子就容易在自我封闭中产生自怜自艾的心理。

对于孩子来说，如果父母能有一双善于观察的眼睛和一颗易感的心，那么对孩子的成长来说，实在是一件幸运的事。

≫ 敏感脆弱的孩子背后，通常有麻木的家长

敏感脆弱的孩子身后，通常有麻木迟钝的家长，他们常常过

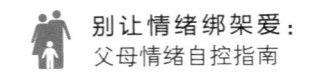

高地估计孩子的心理承受能力，过于简单化地认知孩子的情绪，这样就无法给孩子提供高质量的情感抚育。如果父母能在孩子的成长过程中不断地给予肯定，当孩子走偏方向的时候及时引导，在孩子有困难的时候及时援助，那么孩子的精神胚胎就会得到良好的发育。

案例中的这个女孩，因为自己的先天肤色而自卑苦恼，因为被别人嘲笑而难过，感到羞耻。但是真正让她痛苦的，既不是偏黑的肤色，也不是男孩的捉弄，而是因为她的父母没有给她抱持性的抚养环境，没有在她成长的过程中给她足够的心理支撑，因而也没有能帮助她树立健全的人格，所以她才会困在自卑中，深深地陷入因别人的嘲笑而产生的羞耻感中。从某种意义上说，是家庭教育环境让她成了一个自卑的孩子。

孩子的成长很大程度上受家庭教育的影响，家长的人格越健全，养育出的孩子人格大概率也是越健全的。如果我们在一个孩子身上看到逆反、懦弱、自卑和骄横的状态，那么该反思的，应该是家庭教育模式是不是出现了问题。

第一章
做情绪稳定的父母，需关注八个关键词

掌控：告别"谁说了算"，警惕家庭中的权力之争

我在公园目睹了这样一幕。

一个小男孩因为自己的要求没有得到满足，同妈妈起了争执。在妈妈的责骂声中，男孩生气地动手打了妈妈。这一举动彻底将妈妈激怒了，她大吼道："你还敢打我！你给我等着……"说着，妈妈便扬起手想要打孩子。这时，孩子的爷爷奶奶连忙拦在母子俩中间，连声劝这位妈妈："算了，算了。"男孩和妈妈的冲突进入僵持阶段，两个人都想冲破爷爷奶奶的"路障"攻击对方。这时，一直在旁边冷静观战的爸爸终于忍不住了，也加入了劝架的队伍，劝说母子俩都冷静下来。

妈妈见其余三人（孩子的爷爷、奶奶、爸爸）都护着孩子，更加火冒三丈，冲着爷爷喊道："你们就惯着他吧！"三人不吭声，但也没停止自己保护孩子的动作。过了一会儿，爷爷带着男孩往前走去，此时男孩已不再哭闹，脸上恢复了平静。妈妈则愤怒地使劲拽住其他两人，拉他们向相反的方向走去，一边走，一边向远方怒喝："让他们走！爷爷一天到晚就知道护着、惯着孩子，

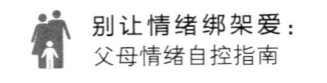

我看最后能护出什么结果来！走，咱们回去！"

这是一幕典型的家庭权力之争。在这个场景中，出现了至少两组权力代表：妈妈和儿子，妈妈和爷爷。他们各自所做的事，都是在争取"听谁的""谁说了算"这一问题。

从表面上看，妈妈想为儿子树立规则，而儿子则因妈妈对自己的粗暴态度进行了抵抗。但本质上，是母子二人都希望对方按照自己认为正确的方式行为处事。两个人因为各自标准和方式的不同引发了争执，随着争执的加剧，情绪逐渐占据了上风。这个时候如果再继续争执，就会渐渐脱离最初的目的，转而向"你必须按我说的做"和"我偏不"的斗争中。

权力之争的本质是争取"到底谁说了算"，所以权力之争和控制紧密相连。有控制，就必定会有反控制。控制与反控制，构成了权力之争的基本要素。

美国现代实践派儿童心理学奠基人鲁道夫·德雷克斯提出过一个观点：家庭里，父母与孩子的权力之争，决定了孩子未来的发展情况。他认为，不论什么时候，当父母命令或者强迫孩子做事情时，就会导致权力之争。

关于控制的害处，苏联教育家巴班斯基曾经有过精准的描述："父母经常用命令的口气对孩子说话，叫孩子做事，会使孩子产生逆反心理，很难收到预期的教育效果。而一直在命令中做事的孩子，会缺乏主动性，容易形成懦弱的性格，不利于孩子的成长。"

▶ 控制孩子的影响

一般说来，如果父母习惯使用控制的方法"管理"孩子，可能会有以下三种结果。

第一种，孩子"战败"，选择压抑。

在我发表文章的评论区，经常会收到类似这样的评论："呵呵，这种孩子如果在我这儿，我就要让他好好尝尝为所欲为的下场。"这种评论并不是少数，从中可以清晰地看到这些言语里包含的威胁和恐吓成分。

如果一个人成为父母，便自动拥有了权威的身份，并且不能善用自己权威的权力，而是将其作为将自己的意志凌驾于他人的手段，可想而知，他的孩子在成长过程中将会面临多少创伤性体验。

在权力之争中，孩子如果遇上控制欲过强的家长，很可能会败下阵来，成为一个习惯压抑自己的人。这样的孩子，如巴班斯基所说，会逐渐变得懦弱、胆小和压抑，生命力萎缩。

第二种，孩子"习得"战争模式，逆反偏激。

很显然，案例中的男孩属于这一类。他的妈妈有极强的攻击性和控制欲，所以男孩也习得了这个特征，变得富于攻击性，且非常逆反顽劣。

从这个角度说，家庭教育像一个魔咒，一个人最终很可能活成自己曾经最讨厌的样子。

第三种，孩子"曲线救国"，隐性逆反，行为鬼鬼祟祟。

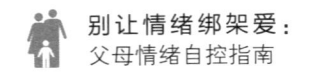

一说到逆反,很多人脑海中都会浮现出一张写满"我不服"的脸,其实除了这种显性逆反之外,隐性逆反也是极为常见的逆反形式。

他们的典型特征是:想反抗,但是不敢直接反抗,所以会做一些"小动作"实现抵抗的目的。这样的人,在社会上很难有良好的发展,因为他们常常是那种"关键时刻掉链子"的人,难以获得领导的信任。

毫无疑问,家庭中以控制为核心的权力之争,对于一个孩子的成长具有极其深远的恶劣影响,值得警惕,更值得思考。

≫ 家长对"正确"的执着,也会导致权力之争

权力之争的本质,是想获得人际关系中的掌控感。除此之外,觉得"我说的对",所以你"应该"听我的,这种对自己自认为"正确"的执着,也是导致权力之争的重要原因。

控制欲强的人,实际上是自我掌控感很低的人,他们因为自己内在的自我掌控感不够,所以才会寻求对外部世界的掌控,而他们的孩子,往往是最容易被实施掌控的人。这就不难理解为什么很多父母都会以"正确"为名,打着"为你好"的旗号,施加对孩子的控制,并引发随后的权力之争了。

我曾见过这样一个场景。

妈妈:"你想喝什么?"

孩子:"可乐。"

妈妈:"碳酸饮料不健康,别喝了。"

孩子:"橙汁。"

妈妈:"那里面有很多色素,不健康。"

孩子:"我就是不想喝白开水。"

妈妈:"你这孩子怎么这么不懂事?我让你喝白开水是为了你好,你怎么就不听话呢?"

以上类似的对话在生活中很常见,这其实就是父母和孩子在进行"谁说了算"的权力之争。无论道理讲得多么正确,语言被包装得多么温和,都无法掩盖其背后的"控制"意味。

家长可以问问自己:是否对自己认为"正确"的事情过分执着,以至于执着到对方不遵从"我"的意愿,我就会感觉很愤怒或者很失望?

不过有些家长也可能会陷入一个困惑:如何区分我是真的为孩子好,想为孩子树立规则,还是我在与孩子进行权力之争呢?

答案在于,你所做的一切,是为了满足自己的需求(比如对方如果不按照我的意愿做事,我就会很不舒服),还是为了满足孩子成长的需求?

两者的区别在于,到底是以"我"为中心,还是以"孩子"为中心。

如果以孩子为中心,就需要遵从孩子自身的成长规律,充分读懂孩子行为背后的需求,提供符合孩子要求的帮助。在这个过程中,家长是一个辅助者的身份,而孩子是成长的主体。

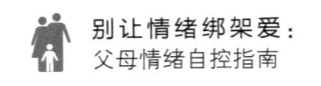

如果是以"我的规则""我的情绪""我认为对的事""我认为他应该喜欢什么"为主体运行的,就会在不同程度上包含着控制的意味。

➢ 避免家庭权力之争的方法

以下几个方法可以帮助家长避免家庭中的权力之争。

第一,觉察自己头脑中的"标准"。

标准意味着限制,限制在某种意义上说就是控制。

当思维中经常出现"应该""必须"这类词汇时,家长就要特别警惕了,你可能陷入了自我中心的困局,把自己的认知当成普世的标准,并且不由自主地要求别人按照自己的要求执行。

第二,将选择权尽可能多地交给孩子。

父母以为只有自己对孩子严加管理,孩子才能成才。这显示了一种自恋倾向,过分强调自己在孩子成长过程中的作用,很容易造成对孩子边界的侵犯。

自由不只带来权利,更意味着"自我负责"的重担。给孩子自由的意思,不是任由孩子为所欲为,而是让孩子真正拥有自我负责的能力。自律与自由,就像权利和责任一样,从来都是捆绑在一起的。只有真正拥有选择权的孩子,其精神胚胎才能得以发展,才会成为一个自律的人。

第三,当与孩子陷入权力之争的时候,看懂孩子"蛮横"背后的渴求。

大多数家长面对孩子"蛮不讲理"时,自己的情绪也容易被孩子牵着走,甚至会变得比孩子更愤怒。这个时候,家长的脑子里只有一个念头:小子!我让你厉害!看我怎么收拾你!这就会让矛盾进入更加混乱的状态。

事实上,孩子"蛮横"的行为背后,一定有他的动机。不管他使用的行为是什么,是理智的,还是非理智的,是讨喜的,还是令人讨厌的,理解行为背后的动机才是解决问题的关键。**孩子真实的渴望需要被家长看到,需要被理解、被接纳。**

下面将讲述的对话重新改写如下。

妈妈:"你想喝什么?"

孩子:"可乐。"

妈妈:"可以,这是选择之一,还有其他的吗?"

孩子:"橙汁。"

妈妈:"也可以,那也是选择之一。除此之外,还有别的吗?"

孩子:"我就是不想喝白开水。"

妈妈:"选择权当然在你。但是妈妈有一个小建议,可乐是碳酸饮料,橙汁中有添加剂,这些对你的身体都不太好,所以妈妈建议你尽量少喝,因为如果你生病了,妈妈也会非常心疼。白水是最健康的一个选择,现在,妈妈把选择权交给你,你来选择,妈妈相信你能做出最好的选择。"

孩子:"我选择喝一点可乐和橙汁,然后喝一杯白

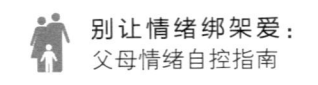

水。或者我选择今天先喝可乐,明天喝白水。"

妈妈:"好的,没有问题。"

很多时候,孩子看上去蛮不讲理,其实是因为他们的需求不被允许。而一旦自己的需要被看到,被看懂,他的固执也就随之烟消云散了。

隐藏在家庭中的权力之争无处不在,在关系中,从来没有输赢,一方的全面胜利,往往是以另一方的全面溃败或妥协为代价。所以只要两个人存在关系,就不可避免并或多或少地需要将自己坚持的一部分妥协,然后通过协商最终达成一致,实现双赢或多赢。

第二章 做懂心理学的父母,养育孩子事半功倍

家庭教育的真谛:"不含诱惑的深情,不带敌意的坚决。"

如何改变不努力的孩子？
三个关键词，做深度觉察的父母

很多家长特别爱问这样一个问题："如何改变一个不努力的孩子？"其实，这个问题根本没有标准答案。但是关于这个问题，却有一些值得思考的内容。

≫ 第一个关键词：改变

改变，是很多人最常使用的词汇，比如我们经常会说"我要变得更好"。实际上，改变比我们想象中要困难得多。

北京大学心理学系的钟杰副教授曾介绍过，最新的神经研究发现，每一个"积习"在大脑中都对应着一个神经回路。轻微的习惯，对应的神经回路"刻痕"较轻；持久的习惯，对应的神经回路"刻痕"较重。不止如此，那些刻痕较重的神经回路，从某种角度说已经有了独立的生命力，它们自己启动后，我们就会忍不住重复相关的行为。

准确地说，改变一件事，要比我们想象的困难很多。

之所以特别强调改变的困难性，是因为很多家长虽然口头上也承认改变很难，但还是很难克服自身的焦虑，容易对改变孩子

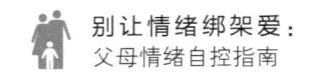

抱有不切实际的期待，从而出现过度关注改变的结果，忽视改变的过程。

如果家长过于焦虑，太关心孩子改变的结果，就会因为注意力过分关注某个结果，造成注意力狭窄的现象，导致不能全面和客观地看待问题。

"焦虑→注意力狭窄→过分关注目标结果→未达到预期结果更焦虑→加强控制"，这是一个恶性循环。

除此之外，凡是抱着"我该怎么改变孩子"这一想法的家长，一般都对孩子抱有无法遏制和很难觉察的控制心。主动改变和被动改变的效果之所以天壤之别，主要就是因为被动改变会激发人的阻抗，也就是对别人试图改变自己的本能反抗。

这是人的天性决定的，因为每个人都追求自我掌控感。当然这种对外来控制的阻抗，孩子未必能清晰地觉察，但是会通过结果表现出来。

生活中那些看上去疲惫不堪、缺少生命力、拖拉磨蹭的孩子，其实都是在表达对家长改造自己的反抗。

改变很难，所以在谈改变之前，我们先了解一个行为公式。每一种习惯的形成，都会经历一个循环："行为发生→得到奖励→行为模式被强化。"**一个孩子不够努力，一定是因为过去他在这个不努力的行为中获得了很多"好处"**。所以，当这个行为被反复强化之后，就会变得根深蒂固。也许有人不理解，孩子不努力，一般而言都会得到惩罚，比如考试成绩不好会被家长责骂等，他能从中得到什么好处呢？

有很多种可能。比如，如果一个家长自身的焦虑程度较高，那么可能他注意到孩子的时候，都与孩子的"犯错"相关，甚至只有当孩子有类似于不努力等不好的行为时，才能引起家长的注意，并因此获得包括批评在内的来自父母的情感联结，毕竟负向强化也是强化。这样就不难理解，为什么孩子总会犯错了。

对孩子而言，即使是父母的批评，也能满足自己被关注，和父母之间发生情感联结的需要，所以是一种无形的强化。

或者，如果父母经常说："你很聪明，但就是不努力。"那么孩子就会特别关注自己聪明的特质，并为了维护自己的聪明而放弃努力，因为努力之后如果没有好的结果，那就等于说明自己不够聪明。反之，如果自己没有努力，即使没有好的结果，那至少说明自己还很聪明，只是不努力罢了。所以，不努力背后的潜意识，可能是不敢努力，以保护自己的聪明特质。

再比如，一个长期被父母包办替代或者硬控制的孩子，往往缺少学习的内驱力，因为他所做的一切都是为家长做的。对于这样的孩子，**不努力就是用来抵御内心冲突消耗的中和试剂**，他们需要依靠行为上的懈怠，来舒缓自己心理上总被父母"入侵"带来的疲惫感。这种情况，在很多过分关注结果，较少重视孩子兴趣培养和内驱力挖掘的家庭中比较常见。

以上，都是孩子不努力的"好处"。想要改变孩子不努力的行为，首先要对孩子行为的合理性有深刻的理解和接纳，不把它放在对立的位置，企图去改造它，只有这样，才能真正地获得改变。

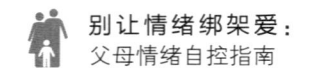

第二个关键词:努力

努力本身是一个形容词,没有量化的、可考核的标准。每天坐在书桌前十个小时算努力吗?显然不是。那么什么是努力呢?其实没有标准。

家长说孩子不努力,其实是带入了家长的评判。更准确的说法是:在家长的标准里,孩子还达不到自己认为的努力标准。

这里面有两个问题,第一个问题是,家长的标准正确吗?强制孩子按照家长的标准学习,不就等于是一种变相的控制吗?第二个问题是,家长用笼统的"不努力"直接否定孩子的努力,是一种以偏概全的表达方式。

更为关键的是,当家长认为孩子不努力,就等于给了孩子一种负面的心理暗示,孩子也会按照家长的暗示,成为更加不努力的人。

第三个关键词:引导

与其说改变孩子,家长不如想一想,自己怎么引导孩子走出现状?与改造孩子不同的是,引导的主体是孩子自己,也就是说在引导的过程中,家长扮演的是一个在一旁指导方向的角色。归根到底,**引导是在挖掘孩子的内驱力,让孩子有自发的动力做出改变**。

如何引导孩子?可以从以下几个方面入手。

引导需遵循孩子的成长规律

这一点在前文中已有阐述，比如孩子为什么不努力，至少列举了三种可能，挖掘孩子行为背后的真正动机，用新的方式置换旧的，这样才能引导孩子做出真正的改变。

当家长能够真正接纳孩子的现状，充分认识到孩子的行为不是无缘无故发生的时候，家长焦躁的心情才能放平，这个时候，孩子的改变才能真正开始。

为什么很多家长总是克服不了自己的焦虑？其中一个根本原因是不肯接纳事实（真实），既不能接纳孩子的现状，也不能接纳孩子的现状很大程度是自己的教养方式导致的，只把注意力放在"怎么能让孩子改变"上，并让孩子快速地改变。这些家长无视事物发展的规律，无视前因与后果的联系，怎能不产生虚妄的焦虑？

善于培养孩子的内驱力

孩子的懈怠，根本原因是缺少行为的内驱力。内驱力的培养是一个比较复杂的话题，在这里，我们做一个简单的探讨。

所谓内驱力，就是孩子行为的自发动力。那么，孩子在学习上的内驱力是怎么被破坏的？原因可能有以下几种。

第一，家长常常把学习和游戏对立。

家长经常有意无意地将学习与更符合孩子天性的游戏等对立起来，为学习塑造了"苦差事"的形象。

有些家长不断强调学习是需要下功夫的苦差事，还为学习赋予了很多沉重的意义，比如现在学习不好，未来就会非常失败。还有些家长经常以游戏作为筹码逼迫孩子学习，比如说"你先做完练习卡才能玩"等。

孩子在这样耳濡目染的环境下，对于学习的兴趣就会被消磨殆尽。喜欢简单轻松有趣的事物，讨厌复杂枯燥的事物，是人的天性。当学习被赋予了这么多痛苦的意义，孩子还如何能从学习中找到乐趣，激发自己的内驱力呢？

在社会环境和学校教育环境整体严峻的大背景之下，孩子对于社会的残酷性，对于学习的重要性，已经有了足够充分的认知，家长不需要再反复强调了。相反，家长应该尽量给孩子提供轻松的环境，缓解孩子的学习负担，让孩子找到学习的乐趣。

事实上，学习本身是探索世界的工具，它本身并不是无趣的，只是畸形的环境使它变质。孩子的一生可能会有很多位老师，但是家长却是唯一的。家长的责任不是不断地加压，而是回归本来的角色，尽量为孩子创造学习的轻松氛围。

第二，家长常将学习和惩罚错误关联。

惩罚也是强化的一种，只不过是一种负性的强化。当家长在学习问题上因为自己的焦虑，对孩子产生大量挑剔、指责和抱怨时，孩子就会向学习投射很多敌意。

孩子通过懈怠学习来阻抗家长对自己的惩罚，甚至因此产生厌学情绪。

第三，家长过分功利化，破坏了孩子的探索兴趣。

兴趣是最好的老师，也是最大的内驱力。有些家长对孩子学习抱持过分功利的态度，往往会使孩子与自己真正感兴趣的事情失之交臂。

有一些家长总是将目光集中在功利性的教育上，这种功利性思维最容易磨灭孩子真正的兴趣。当学习成为"不得不做"的任务时，内驱力自然也就消失殆尽了。

到底如何确立孩子的内驱力呢？最重要的一点，就是挖掘孩子的学习动机，让孩子树立更为宏伟且坚定的远期目标。

如果一个孩子的学习动机是为了获得更多的赞赏和表扬，就很有可能陷入目标之争。这样的学习动机看似能让孩子在一段时间内一往无前，但却往往禁不住任何波折，一旦进展不顺利，孩子就会焦虑紧张，对学习产生回避性的懈怠。

善于挖掘孩子的内驱力对家长来说尤为重要。家长可以引导孩子树立长久的目标，比如将来想做什么，对未来有什么梦想，自己的优势在哪儿，该怎么努力实现等，通过梳理，帮助孩子将远大目标逐步分解，落实到小目标上，最终再落实到具体的行为中。这样做，孩子的远大目标就会像灯塔一样屹立在前方，激励孩子克服困难，不断前行。

值得注意的是，这个**目标是孩子自己的目标，而不是家长赋予孩子的**。现实生活中，家长常常打击孩子的目标"不切实际"，教育孩子把心收回来，放在短期的考试成绩上，这种做法很可能会扼杀了孩子真正的梦想。

任何梦想都很了不起，家长要做的是帮助孩子认识到该怎么做才能实现自己的梦想。

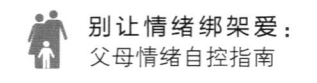

注重孩子的心理健康

父母对孩子引导工作的重点之一，就是疏导孩子的不良情绪，帮助孩子保持心理健康。

当一个孩子把大部分精力用于心理内耗时，是没办法努力学习的。 同样，一个潜意识处于高度防御状态的孩子，大概率也不会有高效的学习结果。

心理内耗，包括的内涵很广泛，比如对自己的不接纳、高期待、学习上的习得性无助、对人际关系和学校环境的适应不良等。这些问题都需要引导和解决，在这个过程中，家长起着至关重要的作用。

学习如何和孩子聊天，如何解决孩子的困惑，让孩子有学习的动力，绝不是口头说说这么简单，这些都需要家长自身的成长和学习。

关注孩子的心理健康，善于对孩子的情绪进行正确疏导，对于"提高孩子的成绩，让孩子变得更努力、更积极"的目标来说，是一个事半功倍的做法。

如何让孩子不磨蹭？
洞悉拖延背后的深层心理问题

经常听到很多家长抱怨自己的孩子有拖延症，"干什么都磨磨蹭蹭的""不磨叽到最后一分钟出不了门""写个作业也总是抠抠手指，看看窗外"，孩子表现出来的这种拖延行为，让很多家长十分恼火。虽然"拖延症"并不是一个严格的心理学或医学术语，但严重或经常性的拖延行为，却是一些深层心理问题的外在行为表现。

相较于成人对自己拖延行为的无奈和自责，家长对孩子的拖延行为往往还叠加了焦虑、愤怒等情绪。这种情绪不可避免地会投射到孩子身上，对孩子的心理健康、人格发展以及亲子关系产生影响。

所以，家长有必要了解孩子拖延的真正原因。

≫ 生理和环境因素

孩子经常出现拖延行为，主要和心理因素有关，但是也不能忽视生理基础和外部环境的影响。家长的焦躁，很大一部分原因是缺乏对儿童生长秩序的了解，或者说，成人更容易站在"成人

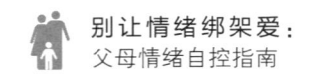

视角"审视孩子的问题。所以,家长首先应该对儿童自身的发展规律有所了解。

缺少时间概念

时间是人类为了方便生活而创造出来的一个概念。在幼儿时期,孩子是没有时间概念的,因此家长需要逐渐帮孩子树立时间概念,比如通过教孩子认识钟表等方式,帮助孩子感知时间的概念。

缺少时间概念的孩子,无法准确地区分做一件事用了多少时间,他们的专注力更多地集中在自己感兴趣的问题上,缺少对外部时间的把控。针对这个原因造成的孩子拖延行为,家长需要理解孩子,要认识到这并不是真正的拖延,而是由于孩子缺少时间概念造成的现象。

易受外界环境干扰

孩子专注力的养成,除了先天的基因影响之外,也需要后天的培养。与成人相比,孩子集中专注力的时间更短,更容易被外界环境干扰。所以,家长需要特别关注孩子的专注力现象,而不是单纯地指责孩子"注意力不集中",或者"拖拉磨蹭"。

缺少明确的目标

很多孩子在家长不恰当的管教下,往往会形成被动式的学习和生活方式。所谓"被动式",就是并非出于孩子自己的主观意愿,而是受到家长的要求甚至威胁去做事情,因此孩子在做这样的事情时,很容易出现注意力上的涣散。

比如,家长让孩子去收拾一下凌乱的屋子,这只是单纯下达了指令,孩子则是被动地接受。但是孩子对于"要将屋子收拾干净"的目标,缺乏准确和清晰的认知,这会使他们在收拾的过程中,很容易被自己更感兴趣的事情吸引。对于有些家长而言,孩子出现这种现象就是拖延。比如,一般情况下只需要十分钟就能做完的事,孩子花了三十分钟还没有干完。

我们总是强调要用"恰当的方式"养育孩子,所谓恰当的方式,其实就是遵循儿童成长规律的方式。拿着成年人的标准和思维模式看待孩子,是对孩子自身发展秩序的忽视,收到的效果往往会和家长的初心背道而驰。

▶ 心理因素的影响

除了生理和外部环境的影响,孩子的拖延行为,还有其更深层的心理因素的影响。家长只有知道孩子行为背后的原因,才能真正地解决孩子的问题。

恐惧心理

不论成人还是孩子,恐惧心理几乎是所有拖延行为最深层次的原因。这里所说的恐惧,是一种深藏于潜意识的情绪。

我曾和朋友一起探讨他的拖延症,当提到恐惧时,他完全否认,还说了很多驳斥我的理由,证明自己没有恐惧。事实上,这种深藏于潜意识的恐惧,的确是很难被觉察的。家长对孩子恐惧

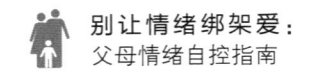

心理的理解程度，与帮助孩子解决拖延行为之间的关联十分密切，所以，我们有必要了解恐惧心理与拖延行为的关系。

潜意识的深层恐惧，可以表现为以下几个方面。

第一，害怕失败。

很多拖延行为，都源自对失败的恐惧。这种对于失败的恐惧心理严重时，甚至会发展为彻底躺平，干脆什么都不尝试。

我们在做某件事的时候，如果内心对未知的结果充满了恐惧，往往会在最初阶段花费大量的时间和精力对即将开始的这件事做出评估。这里的"评估"是指潜意识层面的评判，在意识层面很难觉察。这个"评估"的目的，就是衡量这件事圆满成功的可能性有多大。

一般来说，达成一件事的发展顺序，应该是"先完成→再完美"。 但是，在恐惧失败的人心中，会有一个潜意识的期待："我一出手，就要做到满分"或者"我绝对不能搞砸了"这种不合逻辑的期待，这会让他们成为"无法开始"的人，从而在事情发展的起始阶段，习惯性地做大量无意义的内耗，导致拖延现象的发生。

第二，畏难情绪。

我们都有这样的体会：如果我们对一件事充满自信，确定自己能够很好地完成的时候，往往会迅速行动，不太会产生拖延现象。如果我们对一件事情感觉很困难，或者很厌恶，但又不得不做的时候，就会容易拖延。"畏难"，就是对困难的恐惧。

很多家长发现孩子容易在写作业或者早晨上学的时候拖沓磨

蹭，很大程度上这是因为他们对不得不做这件事具有恐惧或者厌恶心理。

家长应该相信，**每一个孩子天生都有自尊，他们都渴望得到肯定、认可和表扬**。如果一个孩子表现出自尊心不强的状态，那么大概率是他的自尊心被严重地损伤了。有些家长说孩子很拖沓，做事磨磨蹭蹭，怎么说都不听，其实孩子的这种拖延行为背后，是孩子心理上的习得性无助状态。

当孩子感觉面对的困难很小，付出一点努力就能克服的时候，大都是乐于尝试的。如果孩子感觉眼前的困难十分巨大，或者对其具有很浓烈的厌恶情绪，自然就会表现出拖延的现象。

第三，完美主义。

完美主义是一种人格特质，在一定程度上属于"消极性人格"。不管是成人还是孩子，很多人身上都有完美主义的特质，"追求完美"有时是恐惧心理的一种变形反应。

我们只需思考"为什么要追求完美"这个问题，就可以很容易地理解它背后的恐惧心理了。追求完美的反面是"不能接受不完美"，但是我们都知道，没有完美的人和事，这个世界本身就有各种各样的不完美。所以，所谓的想要追求完美，其实是对真实世界的不接纳。

当我们无法接受不完美的时候，就会对即将发生的"有可能不完美"充满恐惧，这种恐惧同样会导致拖延的现象。

很多孩子在写作业的时候过分追求细节，比如一点点瑕疵都不能有，有一点小瑕疵就恨不得撕掉重写，这样会导致孩子把做

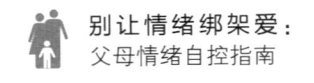

一件事的时间拉长。可以说，追求完美必然会滋生拖延。

恐惧心理是拖延的首要原因，它衍生出来的缺少自信、低自尊、低自我效能感等，都会导致拖延现象的产生。家长们应该仔细观察孩子拖延行为背后的原因，反思是否因为自己曾经对他们过于严苛，才让他们如此恐惧。

隐性逆反

还有一些孩子，会用拖延的方式进行无意识的逆反，对抗家长的控制和不理解等负面情绪。

当家长对孩子施加过分的控制和管理的时候，孩子会产生对抗的情绪。由于孩子和大人之间的力量悬殊，导致他们无法对大人的控制进行直接的反击，这时就会用**"无意识的拖延"来表达逆反**。

我的表弟在小时候就是一个写作业极其拖延的孩子。我的小姨是一名教师，虽然她也学习过儿童心理学，但是在教育自己孩子的时候，太渴望自己孩子成才的心理还是战胜了理智，这导致小姨在对表弟的学习管理上，总是用力过猛。

表弟写作业特别磨蹭，其中一个重要的原因是，他认为如果早早写完了作业也没什么好处，因为小姨总是会对他说："既然作业写完了，那我们再练会儿琴吧！"

面对家长的"贪婪"，表弟表现出了极强的隐性逆反。他在写作业的时候总是走神，拖延，看上去虽然一直认真地坐在书桌前，但是注意力却一直无法集中。显然，这样的学习是毫无效率的。

❯❯ 父母如何应对孩子的拖延症

很多家长找到心理咨询师,提出的最多的问题是:我的孩子不好管教,你们有没有一些好的方法呢?每次我们都会告诉家长:孩子有病,家长吃药。

虽然这个观念很具冲击性,但它却是一个事实。**孩子是家长的一面镜子**,孩子身上不仅有家长的遗传密码,更体现了一个家庭整体的抚养模式。孩子的很多行为,都和家长的教育方式息息相关。

面对有拖延症的孩子,父母应该怎么做呢?

善于自我觉察,提供榜样的力量

很多孩子经常抱怨,有些事情明明家长自己都做不到,但是却要求孩子必须做到。这种"双标"的抚养方式,在很多家庭中都有体现。

如果孩子有比较明显的拖延现象,家长首先要觉察自己是否也有类似的行为。其实,觉察不仅仅是发现自己身上是否有类似行为这么简单,更重要的是家长需要从自己这种类似行为中,看到自己行为背后的心理。只有充分觉察了自己拖延行为的原因,才有可能理解孩子的拖延心理。

也许有的人会说,我只想矫正孩子的行为,为什么要了解孩子的心理?问题在于,如果你不能深刻理解孩子行为背后的心理过程,那么你传达出来的"指令"就无法走进孩子的内心,不会

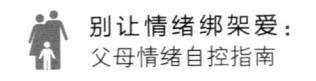

对孩子产生任何作用。

我的一位朋友曾经说:"我现在这种方式也很有效啊,女儿总是不听,我就打她,然后她立刻就改了。"

对于这种做法,我只能说:"这种粗暴的方式也许短期有效,但是从长期来看,必定对孩子的心理造成创伤。这种创伤带来的影响,将伴随她的一生,影响她的每一个生活片段。这是你想要的结果吗?"

"家长怎么说,孩子才会听"这是很多家长的困惑。其实答案很简单:只有你真的理解他,能说到他心里去,你的话才有价值。否则,无论你怎样着急上火、苦口婆心地管教,在孩子听来,都是一堆空洞的大道理。有些家长甚至还会对孩子进行武力镇压,但从长远来看,**暴力手段只会让孩子离家长的期望越来越远**。

帮助孩子树立自信

孩子为什么对做某件事十分恐惧?为什么要追求完美?为什么害怕失败的可能?简单来说,孩子出现以上心理,都是缺乏自信心的表现。孩子的自信是如何被打击的呢?很大程度上是家长为孩子建立了"行动"与"惩罚"的不良条件反射系统。

举个例子:一个孩子满心欢喜地帮家长洗碗。洗完之后,家长发现孩子洗得并不干净。在这种情况下,家长可能有以下几种反应。

A.你怎么洗成这个样子?都长这么大了,连个碗都洗不干净,你还会干什么?

B.(首先压抑了自己的不满,尽量用"正确的方式"对待孩子）你洗得不错，但是呢，还有点小问题。比如（随即挑出了一堆毛病）……

C. 哇！我的宝贝都会洗碗了。真是太惊喜了！（之后在孩子不知道情况下，默默地把碗重新洗干净）

在以上三种家长的应对方式中，第一种方式严重地打击了孩子的自信心和积极性，可能造成以后孩子再不主动洗碗的结果。第二种方式没有直接用语言打击孩子，但是家长内心认为孩子没洗干净，并对这个结果不满意或有嫌弃的心理。这种不满意，可能会透过一些肢体语言或者语气，比如说皱眉、语气中的不耐烦等方式被孩子察觉到。这样一来，孩子也同样会因为家长的不满意而产生自我嫌弃的感觉。在第三种方式中，孩子感受到的是来自家长满心的欢喜和接纳，在这种被接纳的美好感受之下，孩子可能会"理所当然"地认为自己做得很棒，并愿意继续尝试新鲜事物。

不同的方式，产生的结果可谓天壤之别。 但是家长也许会产生一个困惑：孩子明明就没洗干净，难道不能提醒他吗？

答案是肯定的，家长当然可以对孩子提出提醒，但是关于如何提醒，有几点需要注意。

第一，提醒不是挑剔。 提醒是在先接纳孩子"不完美"的前提下的提醒。换句话说，父母首先对孩子洗碗这个行为，要有全然的接纳和满意的态度。

孩子第一次洗碗，洗不干净是正常的，如果第一次就洗得非常完美，那才是奇迹。父母对待孩子第一次洗碗出现"瑕疵"的态度，到底是接纳还是不接纳，会直接反馈给孩子，影响孩子的自信心。

第二，提醒的时机比提醒的内容更重要。在孩子满心欢喜地寻求认可的时候，就马上对孩子说"你没洗干净"吗？当然不是。这个时候，保护孩子的自信心远比告诉孩子怎么洗碗更重要。洗碗只是一个简单的生活技能，随着孩子年龄的增长和洗碗次数的增加，他自然会熟练地掌握这一技能，但是孩子的自信心却是支撑孩子人格最核心的部分。在孩子需要树立自信的时候泼冷水，显然不是恰当的时机。

第三，提醒的方式决定了提醒的效果。大多数家长的提醒方式，都会让孩子感觉到"被挑剔"。直接以口头语言的形式告诉孩子"你做得还不够好"，会极大地挫伤孩子的积极性和自信心。

真正的提醒，是让孩子自己发现"原来我的碗没洗干净"，而不是由家长直接告诉孩子"你没做好"。

如果家长能够以更恰当的方式对待孩子，那么当孩子变得更有自信时，他对行动前的恐惧心理就会非常少，拖延症也就自然消失了。

这是一个从根本上解决拖延症的方法，只有解决了深层次的心理问题，拖延行为才有可能得到根治。如果家长用打骂的方式解决孩子拖延的问题，只会让孩子暂时往前快跑几步，但是日后孩子却会渐渐失去快跑的能力，只能在路上慢悠悠地溜达。

孩子的表现，往往能够折射出父母的养育方式。家长首先应该接纳孩子的问题，然后正确地面对问题并用恰当的方式解决它，帮助孩子摆脱困扰。自责或责备，不但不能帮助孩子摆脱拖延症，反而会让拖延的问题变得越来越严重。

父母是怎样塑造出敏感、孤独、内向的孩子的

一位年轻人找到我,想要确定自己是不是出现了心理问题,并向我仔细描述了一下他的症状。

"我这两年特别喜欢独处,和其他人在一起心里就会很不自在,喜欢安静。有时会感觉很沮丧,觉得自己很差劲。"

"我不能接受别人的指责,一被指责就感觉心里特别着急,我很想把对方彻底地驳倒。"

"我妈妈经常误会我,我觉得她是一个很分裂、很虚伪的人,她说的话常常让我感觉很对不起她,很丢人。我有时候都不想活着。"

"最近这些年我感觉我不太正常,不像以前那么轻松,那么乐观,也不太那么想合群。正常的时候感觉和没事人一样,一旦有一点不顺心的小事,就有可能产生各种不好的状态。我很喜欢一个人去旅行,我感觉那才是真正的我。"

什么样的家庭氛围,会培养出"热衷独处"的孩子呢?简单来说:被干扰太多的孩子一般都会有这种特质。

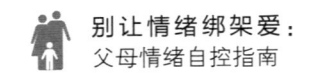

我们常用"是否拥有内心力量"来衡量一个人的心理状态，**内心力量其实包含两种能力：一个人实现并满足自己需要的能力，以及排除干扰做自己的能力。**

从这个角度说，那些喜欢独处的人，多数都是无法排解外界干扰的人。或者说，他们对于来自外界干扰的抗挫折能力比较弱，所以不得不选择用独处的方式回避干扰。

≫ 总被干扰会带来挫折感

事实上，我们无时无刻不受到外界的干扰。比如：我今天要出门工作，突然下雨了，下雨带来的交通不便就是一种干扰；一个孩子正在集中注意力拼乐高模型，这个时候妈妈过来喊他吃饭，这对于正在拼模型的他来说就是一种干扰；一个孩子正在写作业，妈妈敲门进来送水果，告诉他应该休息一下，活动活动，这同样是对孩子正在做作业这项活动的一种干扰。

干扰无处不在，主要来源有"自然"和"人为"两种，显然后者对人的影响更大。

在家庭中，如果家长总是有意无意地干扰孩子，久而久之，就会给孩子带来弥散性的挫折感，这种感受很难被觉察，更多地会被压抑在潜意识中。这样孩子就有可能表现出对挫折不耐受的特点，从外在的行为表现上看，大部分是偏于消极、悲观和孤僻的类型。

所以，**挫折感是来自于外界对我们自身秩序的干扰产生的感觉**，挫折感层出不穷，但难以察觉。

美国人本主义心理学家马斯洛有一个著名的"需求层次理论"，他认为人的需要从低到高可以分为五个层次：生理的需要、安全的需要、归属与爱的需要、自尊的需要、自我实现的需要，其中自我实现是最高层次的需要。另一位人本主义心理学家罗杰斯也有一个说法，叫作"成为你自己"。这两个概念的本质都遵循一个关于"自我"的认知，即**"人最宝贵的东西，就是你自己"**。

能够按照自己的成长秩序生活，而非经常遭受外界的干扰，对人的成长来说是一件非常重要的事情。这也正是家庭教育中主张父母放手，给予孩子自由的原因。

在家庭中，以自我为中心的父母、控制欲强的父母、自恋型父母和防御性人格的父母等，都会对孩子的成长带来干扰，很可能会让孩子产生一种心理上的"漂泊感"。同时，如果他们的内心力量不足，就会过上随遇而安的生活，热爱独处，热爱旅游。

"我很喜欢一个人去旅行，我感觉那才是真正的我"。为什么案例中的年轻人会觉得一个人去旅行的时候才是真正的自己？正是因为只有逃离现实（外出旅游），不被外界干扰的时候，他才能真正活出他自己。

≫ 缺乏心理支持，带来习得性无助

年轻人这样描述他的妈妈："我妈妈经常误会我，我觉得她是一个很分裂、很虚伪的人，她说的话常常让我感觉很对不起她，很丢人。"从中我们可以看出，这样的妈妈在孩子的成长过程中，不断地用自己的情绪反应绑架孩子，让孩子总感觉自己在犯错，

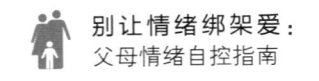

并因此产生自责和羞耻感，进而产生对内攻击的心理状态，也就是抑郁的状态。

在咨询的过程中，这位年轻人的小姨在一旁陪同。小姨跟我说："孩子总说他自己有病，其实我觉得哪有这么严重啊，他就是过度地多愁善感。"

在家庭中，如果养育者不能给孩子足够的理解和心理上的支持，反而对孩子消极的心理状态进行否定、嘲笑或者表现出愤怒，那么孩子的心里就会产生绝望，这种"绝望"是一种深切的习得性无助状态。

孩子这种心理状态会使他们要么发展出强烈的对外攻击性，变得暴躁、易怒、敏感、易激怒，用以保护自己；要么发展成深切的对内攻击，表现出抑郁、内向和消极，进而产生逃避心理，以应对这种无助感及乏力感。

≫ 树立规则≠打扰孩子

也许有人会对此产生疑问：给孩子自由，那么孩子不就没人管了，那不就长"歪"了吗？

我和朋友也曾探讨过这个问题。如果一个孩子正在聚精会神地拼玩具模型时，妈妈过来叫他吃饭，把他的玩具收起来，这种行为对孩子而言就是一种干扰，容易让孩子产生一些挫折感。如果孩子在这时没有及时回应而激怒了妈妈，被强行粗暴地收走了玩具，那么这种教育方式就会给孩子带来心理创伤。

朋友听了我的话，随即提出疑问："在该吃饭的时间喊孩子吃饭,这难道不是在给他树立规则吗?难道就应该任由孩子继续玩,完全不管吃饭的规则吗?"

我继续给朋友解释,为孩子树立吃饭的规则本身没有问题,问题在于两点:树立规则的方式及树立规则的时间。

第一,树立规则最好使用"引导"的方法,而不是强行灌输,讲大道理,或者强硬执行。 比如,在孩子的注意力全部放在玩具上时,是强行打乱孩子的专注力,用家长的权威为他树立"吃饭时间应该规律"的规则,还是对他做出提醒,然后把选择权交给孩子。这两种方式的区别,决定了是否会对孩子的心理造成伤害。

第二,树立"吃饭应该规律"的规则有很多机会,在任何一顿吃饭时间上,都可以帮助孩子树立这个规则。 更为重要的是,如果家里平时吃饭时间都是规律的,本身就是对孩子"吃饭规律"最好的教导。

很多孩子注意力不集中,都跟父母平时在孩子注意力集中时进行过多的干扰和打扰有直接的关系。

通常来说,家长尽量不要让孩子在临近吃饭的时候玩一些很耗时,需要专注和集中注意力的游戏,最好在吃饭之前就让孩子进入到吃饭的氛围中,比如让孩子帮妈妈做一些力所能及的家务。如果想要树立吃饭的时间规则,更多的是在日常对孩子吃饭的问题上进行言传身教。

自体心理学家科胡特曾经用一句富有诗意的话来表达**家庭教育的真谛:"不含诱惑的深情,不带敌意的坚决。"**

不管是敌意还是诱惑,都会让孩子迷失自己的心灵。所以,

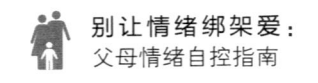

家长在释放爱的时候，最高的境界是"不含诱惑的深情"：关注但不求回报，既不施放诱饵，也不附带条件，让孩子感觉到"我爱你没有理由，只因为你是我的孩子"。

家长在为孩子树立规则的时候，最好的方式是"不带敌意的坚决"：我对你没有敌意，没有威胁，没有伤害，但是立场鲜明，态度坚定。让孩子相信他是自己的主人，孩子拥有了足够的自由，才能有足够的自律，因为他需要并能够为自己负责。同时，在恰当的时候或关键的节点，温和而坚定地为孩子树立规则，可以引领孩子看到更多的可能。

抚养孩子：天分决定起点，人格决定终点

荷兰有一个名叫劳伦特的小男孩，他的智商高达145，9岁就已经本科毕业了，是个名副其实的小天才。

爷爷奶奶在劳伦特年纪很小的时候，就发现他的智商似乎远超常人，但劳伦特的爸爸却并不这么认为，他觉得肯定是老人家太宠爱孙子，以至于夸大了事实。

直到劳伦特上了小学，他的天分彻底地展现，他的父母才开始相信劳伦特有异于常人的天赋。

劳伦特6岁那年，父母曾带他去做智商测试，测试结果显示劳伦特的智商为145，无疑是个天才。不过妈妈依旧认为："他和同龄孩子没有什么不同，一样爱玩，爱发脾气，只是比别的孩子聪明一点罢了。"

在学习上，劳伦特的父母认为，孩子自己最清楚什么才是对自己最好的，所以他们在上学的问题上，都会听从劳伦特的要求。父母通过与老师沟通，最终尊重了劳伦特自己的选择，用"一对一"的方式在家上课，通过阅读谷歌硬盘上老师上传的文档来学习功课。就这样，劳伦特连续跳级，还在上学之余研究科研项目。

在这样宽松而不刻意的家庭氛围下，劳伦斯除了学习能力与众不同外，其余方面表现得和一般孩子无异。他喜欢和狗玩耍，喜欢打游戏，还喜欢赛车。

虽然孩子身为天才学霸，但是劳伦特的父母却非常注重让他享受与平凡孩子一样的童年，希望劳伦特"在小孩和天才中找到平衡"。他们非常尊重孩子的梦想和愿望，正如劳伦特的爸爸所说，就算劳伦特明天去当个木匠，也完全没有问题。

由于从小照顾劳伦特长大的爷爷有心脏病，所以劳伦特将自己将来的目标设立为开发人造器官，帮助像爷爷一样的人。后来，劳伦特还开发出了一款测试脑细胞反应的微型芯片，作为大学的毕业设计。

一个外国的天才少年似乎离我们的生活很远，但事实上却对我们的家庭教育很有借鉴意义。

在网上曾看到一个热度很高的问题："一个孩子智商高会有什么表现？"很多人对此给出了回答，比如说动手能力强的孩子智商高，逻辑思维能力强的孩子智商高，记忆力好的孩子智商高等。

但是我看到这个问题的时候，想到的却是：如果家长特别关注孩子的智商，可能本身就会对孩子的教育带来问题。

》 过分在意智商，不利于孩子的成长

相较于不能改变的基因特质（智商），家庭抚养环境对孩子人

格形成的影响会更持久和深远。对于大多数中等智力水平的孩子来说，**家庭抚养环境才是影响一个孩子到底能走多远、多高的关键**。

一项关于中学生学习压力、学习倦怠情绪的调查研究显示：影响中学生学习倦怠情绪的核心因素是情绪管理。情绪管理水平较高的学生，在面临同样的学习压力时，会产生明显优于情绪管理能力较弱的学生，更不容易因为压力而产生倦怠情绪，学习成绩自然也不会受到压力的太多干扰。

即使是像劳伦特这样的天才少年，我们也可以发现，他的成功除了自身先天的智商优势以外，也和自由和谐的家庭环境有很大关系。

比如，在生活中，一些家长了解了赏识教育的理念后，会经常夸赞孩子。但是，家长经常夸赞孩子聪明、漂亮、可爱和听话等，其实对孩子的成长并无好处。

大部分人的智商都处于中等智力水平，如果孩子只是普通人，家长过于在意他的智力问题，就可能会对孩子产生不良的影响。

如果家长认为自己的孩子很笨（即使他们不说出口，只要心里有这种想法，就一定会从各种表情、动作等细节中流露出来），那么孩子很可能会认同家长的评价，变得自卑、迟钝。而经常被夸赞聪明的孩子，他们的自信心更容易膨胀，并在生活中对夸奖产生强烈的渴求，更关注结果而非学习过程，很容易养成缺乏耐心和急躁的人格特质。

经常被夸赞聪明的孩子，潜意识里可能会用"保持自己的聪明"来维系自己的价值。为了保护自己的聪明品质不受损，他们可能会在学习和生活中过度追求速度，片面地追求反应迅速，同时又因为速度快而变得草率、不稳重、喜欢夸耀自己。尤其是在小学阶段，这一阶段的课程内容并不注重考验孩子的智力，但是孩子会因为自己被夸赞聪明而骄傲自满，当然也会因为某次考试失利而陷入沮丧，这会使他们的情绪处在一种波动的状态。

当一个人过分在意情绪的时候，会分散大量的注意力处理情绪上的波动，导致专注力大幅下降，这就是我们常说的"心不静"。"心不静"，学习效率自然也会大幅下降，进而影响学习成绩。最重要的是，这样的状态会形成一种人格特质：表面膨胀，内心自卑，喜欢察言观色，对外界环境和别人的评价极为敏感。

哈佛大学心理学教授霍华德·加德纳博士曾经说过："**每个儿童都是一个潜在的天才，只是经常表现为不同的形式。**"家长的夸赞或批评，实际上是在人为干涉孩子的自我发展，影响了孩子的自然成长。所以，家长为孩子创造怎样的成长环境，影响着孩子的基因（包括智力）表达。

≫ 提升情绪稳定力，有助于孩子走得更远

如何提高孩子的情绪管理能力，做到情绪稳定、平和，不容易受到外界的干扰呢？这取决于孩子的认知水平，更取决于孩子内心的安全感和依恋关系。

相比有些家长给予的有条件的爱，**无条件的爱更能为孩子构建原始的安全感**，更能建立较为稳固的依恋关系。在这种情况下，

孩子会由内而外地认为自己是有价值的，这有助于构建孩子的自尊和自信，其情绪水平也会比较平稳。

我小时候是一个"小灵通"，我们家住在五楼，每当我爸爸下班回家，在一楼锁自行车的时候，身在五楼的我都能敏锐地听见他摆弄车锁的声音。每当这个时候，我便向妈妈报告爸爸的动静，可是妈妈并不相信我有这种能力。事实证明，我每次都说对了，妈妈只好将这种现象解释为"小孩子的耳朵比较灵敏"。直到我长大后学习心理学，我才知道事情并没有这么简单。

这是一个典型的潜意识处于敏感、波动状态的表现，从潜意识层面来看，童年的我缺乏安全感，敏感又脆弱，所以会不自觉地注意外界的环境，注意外界的风吹草动，整个人处在无意识的防御状态，就像雷达一样，不自觉地搜索外界的危险信号。

这种状况导致的结果是，我很难有专注力，而且因为过分敏感，所以很容易被外界环境影响，情绪也比较不稳定。

孩子的情绪管理能力，首先取决于他们对事物的认知，不管是人际关系（孩子和父母、老师、同学），还是人与物之间的关系（孩子与课程、考试等），不同的认知都会导致不同的态度。

比如说，孩子刻苦学习是为自己还是家长，这决定了孩子学习的动力；孩子在学习中遇到了难以应对的问题，认为这是难以逾越的鸿沟，还是觉得这是可以解决的暂时困难，这决定了孩子应对困境的态度；老师和家长对孩子的管教是为了孩子的成长，还是为了满足他们的控制欲，这会影响孩子是否逆反的态度。

为什么会有不同的认知呢？有一个行为公式：**行为背后是情**

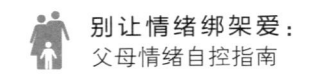

绪，情绪背后是认知，认知的背后则是经验。

经验恰恰主要来自之前在家庭中形成的经验模型。举个例子：孩子犯错误的时候，家长容易急躁，并对其实施惩罚，那么孩子就会在潜意识里构建一个"犯错＝惩罚"的经验模型。为了避免受到惩罚，他会尽量避免犯错。这样做的同时，孩子会有极大的心理内耗。当内耗太多，外界压力又太大的时候，孩子就容易崩溃：反正怎么做都不行，那就干脆破罐破摔吧！

作为家长，如果想培养孩子的情绪管理能力，可以从以下几方面入手。

第一，家长需要以身作则。

第二，无条件接纳孩子的情绪。无论孩子的行为有多么不合理，他的情绪在他自己的系统里都是完全合理的。

第三，引导孩子"看到"对方，也就是换位思考。

第四，引导孩子在困境面前多想办法。

当一位好家长，远比当一个好的咨询师困难得多。所以，做家长不仅要劳力，更要劳心，需要付出更多的耐心、爱心和慈悲心。

觉察即疗愈,破解三种"焦虑型父母"

马来西亚心理学家林文采曾经说过这样一段话:"如果养孩子养到披头散发,焦头烂额,那一定就是养孩子的方法不对了。养得好的孩子,父母都是轻松的。我一手带大了四个孩子,并且在养育四个孩子的同时,写了七本书,读完了硕士和博士,做了很多期电台节目,还有大大小小一大堆活动。但是我的孩子在整个成长过程中都很轻松,没出过什么问题。"

很多家长看到这段话时,都不禁产生怀疑:为什么林文采养育了四个孩子,同时还能获得这么大的成就,这到底是不是真的?为什么我养孩子这么累,这么崩溃,这么焦虑,孩子身上有太多问题需要我去关心,去解决,养育孩子怎么可能那么轻松?

于是,这些家长到处"寻医问药",迫切希望解决孩子的教养问题。他们在育儿论坛里大倒苦水,急切地搜寻能够解决孩子教养问题的具体方法,一扭头看见孩子不听话的样子就愁得不行。然而,他们可能不知道:**自己才是真正的解药。**

≫ "自恋"的焦虑型父母

焦虑型父母面对孩子时很容易不耐烦,表现出一种焦躁的状态。比如看一篇关于育儿的文章，便急迫地想要得到能解决一切育儿问题的良方；带孩子去看心理医生，如果治疗两次后发现孩子没有明显变化，就开始焦虑是不是白花了看病的钱；明明已经知道对孩子要有耐心，却在坚持了两天后就开始质疑这样做的效果。

他们都有一个共同的特征：希望有人或者有什么方式能够高效、迅速地帮助他们解决所有问题，消除他们的焦虑，甚至将产生问题的源头掐断。他们之所以会形成这种想法，主要是源于内心的深层自恋。

自恋，是一个心理学名词。自恋型的人，一般都会比较严重地以自我为中心。他们潜意识里希望一切事物都按照自己希望的方向发展，一旦事物没有按照他们的希望发展时，他们就很容易产生焦躁、恼怒的情绪。

因为自恋，所以这些家长的潜意识里会觉得很多事情都是"应该的"。比如，孩子"应该"学习成绩良好，孩子"应该"不喜欢玩游戏；当自己看完一篇育儿文章后，就"应该"知道能立刻解决问题的方法；当孩子找到心理医生的时候，就"应该"马上能解决他的所有问题。所谓"应该"，本质上就是"一切按照我规划的轨道行进。"

当一个家长总是处于这种自恋的心理状态的时候，不可避免地会给孩子带来伤害性的体验。 举个例子：家长辅导孩子作业时，发现孩子连最简单的题目都会做错，便觉得孩子太笨，很快就会对孩子耗尽耐心，进而表现出暴躁、厌恶等负面情绪。这些负面情绪又会反过来影响孩子的情绪，孩子会产生委屈、恐惧和羞愧等一系列心理反应。当孩子把注意力用于应付这些负面情绪时，哪里还有多余的精力用于写作业呢？于是，孩子的作业越写越不好，家长对这种现象也越发愤怒，就这样进入了恶性循环。

意大利教育学家蒙台梭利认为，**儿童不是小号的成人，不应当以教育成人的方法来教育孩子**。但是在现实生活中，很多家长常常忽视这一点，不尊重孩子自身成长和发展的规律，不关注孩子在哪个年龄段，有什么样的生理发育水平和心理特征，而是一厢情愿地按照自己的标准去要求孩子，对孩子成长缺乏应有的耐心和必要的同理心。

一个孩子，如果从家庭中汲取的心理营养很匮乏，他就很难健康地成长，自然也难以取得良好的成绩。焦虑型家长需要认真地分析，自己的焦虑有多少是源于自己的期待没有被满足衍生出来的。家长只有分清楚什么是自己的期待，什么是孩子的成长，才有足够的耐心尊重孩子的节奏。

≫ "忧惧"的焦虑型父母

如果说父母是植物的根，那么孩子就是这条根上长出来的花。父母焦虑的背后，是深层次的忧惧。他们对孩子的焦虑，很多都是自身忧惧的投射。

人忧惧时，必然会生出控制心，因为"掌控感"是化解忧惧最有效的方法。当一切按照我的意愿发展，我对事物的发展拥有十足的掌控感时，我就不会再忧惧了。

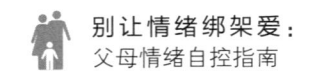

出于这样的潜意识，内心忧惧的家长在教育孩子的过程中，就容易对孩子进行一系列的控制，比如包办替代、强制管理、无原则溺爱、过高的期待等。在他们的潜意识中，我的孩子跟我是一体的，所以对我来说，最好的东西如果不给孩子，就不能减轻自己的很多担心和恐惧。

对家长来说，只有深刻觉察自己对孩子的焦虑和担心背后，有多少是自己的恐惧，才能在行为上有根本的改变。抚养环境发生了根本改变，孩子的问题才能得到彻底地解决。

≫ "完美"的焦虑型父母

就像焦虑和控制不分家一样，焦虑和追求完美也常常紧密相连。焦虑型的父母，很多是来自对完美的追求。这里面所说的"完美"，主要内涵是"不接受现实（真实）"。

白岩松在高校巡回演讲里曾经谈到，他人生的重要成长来自"接纳了不完美"，当从内而外地接纳了自己的不完美时，他感觉人生幸福多了。

"接纳不完美"这句话说出来非常简单，道理也容易理解，但是真正做到却很难。**可以说，任何心理层面的问题，几乎都与无法彻底地接纳真实世界密切相关。**

其实这句话也可以反过来倒推，为什么父母对孩子的缺点那么焦虑，特别想"改变"孩子的各种"坏"习惯，恰恰是因为这些"坏"习惯是他们不能接纳的。

当把所有的事情都用简单的"好坏"来进行评价和定义时，

就意味着远离了真实。正如任何阴影的背后都必然有光一样，任何所谓的"缺点""不足"，背后也必然有焦虑型父母看不到的"光"。

比如很多家长谈游戏色变，对于孩子玩游戏的行为只想明令禁止。事实上，适当地用游戏来缓解学习压力，对孩子来说是有益的。有些孩子之所以沉溺游戏，很大程度上是因为他需要在游戏世界里逃避现实世界的痛苦。心理学家曾奇峰说：从某种程度上说，手机是孩子逃避痛苦的最后防线。

焦虑型的家长只将关注的重点放在"怎么禁止孩子玩手机、玩游戏"上，用强硬的手段与孩子对抗，看不到孩子游戏成瘾背后的心理需要，就无法从根源上解决孩子沉溺游戏的问题。

现在的孩子生活在学业的高度压力之下，家长除了照顾孩子的基本生活之外，更主要的任务是给孩子心理上提供滋养和支撑，成为帮助孩子抵御外界压力的一堵墙。

≫ 改变焦虑状态，源于深度地自我觉察

最后，家长应该怎样减少自己的焦虑，减少自己的焦虑带给孩子的压力和控制呢？想解决这个问题，最重要的是父母要有深刻的自我觉察能力。

"觉察即疗愈"，当一个人有了觉知，就意味着他开悟了。改变焦虑状态，也源于深度地觉察。

觉察包含两个方面：**一是"觉知"，觉知到自己的问题**，觉知到问题产生的根源在哪儿，有什么表现形式，明白这些问题会

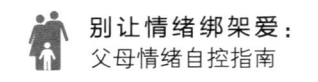

产生什么样的后果。**二是"观察",观察自己,观察对方(孩子)。**所谓深度觉察,就是带着觉知来观察自己的行为,思考自己为什么会这样做,这样做带来了什么样的结果,以及思考怎样才能改变。由此可以看出,觉察是一个思考的过程。

觉察还是一个递进的过程。正所谓"罗马不是一天建成的",一个人的习惯、认知和人格更不是一天形成的,从初级的觉察到深刻的改变,中间是一个漫长的过程,也是一个不断深入的过程。只有承认现实,从心理上真正承认改变不是一两天完成的,才能放下自己的焦躁,改变之路才真正开启。

理论是普遍的,但应用却各有不同,每个人自身的性格,很大程度上决定了在应用中的具体操作。归根到底,在生活中怎么缓解自己的焦虑,并没有整齐划一的标准答案。如果非说有答案,那么它首先**来源于觉察和思考**。

挫折教育：被曲解的伪命题，别再说孩子矫情了

每当网络上出现一些关于中小学生心理问题的新闻时，新闻评论区中总是会有人觉得，现在的孩子抗挫折的能力太差了。"什么爱与自由，给孩子太多的自由是在害他""孩子现在在家里多受点挫折，长大在社会上才能有抗挫折能力""孩子根本没有大人想象的那么矫情，越锻炼他们，他们的耐受力越强"，类似这样的观点，在父母中比比皆是。

家长到底应该给予孩子爱与自由，还是给予管理和教育，这样的争论从来没有停止过。在传统文化背景下，挫折教育是一个被误会很深的话题。

≫ "人为"的挫折体验大可不必

中国人民公安大学教授、犯罪心理学专家李玫瑾曾经讲过一个故事。她说："我孩子这一代，我父亲对他说话特别重。有一次我在家，我父亲突然大吼，我说孩子那么小，你别把他吓着。我父亲当时就说，'经过这样的事情，今后走上社会，就没有人能吓着他。'"李玫瑾还说："我们有一个概念叫'脱敏'，对某一类不好的东西慢慢去适应，而不是一下就接触。现在关键是什么呢？

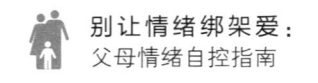

前边没急过，现在急，这时间点不对，而且没脱敏。"

从李玫瑾教授讲的故事中，她的父亲对她的孩子大吼，就是想帮助孩子"脱敏"，这样做的好处是："今后走上社会，就没有人能吓着她。"这个说法和提倡要对孩子进行"挫折教育"的观点异曲同工，它们的共同原理都是：孩子要多经历家里的"挫折"，这样才能更好地适应社会的"挫折"。

人的一生本身就是一个不断经历挫折的过程，所以挫折根本就不需要人为刻意地制造。

一个人从出生就开始体验挫折了。离开温暖的子宫，来到冰冷而陌生的环境，新生儿感受到极大的恐惧，这就是挫折。孩子的母亲再怎样精心地照顾，也不可能毫厘不差地满足婴儿的所有需要，对于弱小的婴儿来说，这也是挫折。孩子的年龄越大，就越不能随心所欲。所以，我们其实一直都在体验挫折的感觉。

正因为如此，我们祝福别人的时候才会用"心想事成"这样的词，这个美好的愿望本身就是体验挫折感的反面。试想：如果想做的事都能顺利地做到，又哪里来的挫折感呢？

所以，在孩子不断体验挫折感的人生中，家长真的不需要再去刻意为孩子制造挫折体验了。

≫ 挫折教育不是"非黑即白"，偷换概念要不得

人们在谈论挫折教育时，时常采用"非黑即白"的思维模式偷换概念。

比如，我曾写过一篇文章，主题是家长的语言暴力会严重伤

害孩子的自尊心,是不可取的教育方式。但是有一位读者却将这个主题进行概念偷换,把语言暴力引申到了"它可以变相地培养孩子的抗挫折能力",把"用正确的教养方式抚养孩子"偷换为"用溺爱的方式抚养孩子"。

按照这个逻辑,如果想培养一个人的抗挫折能力,只能用强硬手段,否则就是"宠、惯、溺爱",除了这两极,就没有中间的、恰当的手段了。这完全是一种经不起推敲的思维逻辑。

"宠、惯、百依百顺……"这些教育方式和语言暴力一样,都不是恰当的教育方式。**溺爱当然无法培养抗挫折能力,但同样"语言暴力"也不能**。这两种方式,都不是恰当的抚养方式。

≫ 足够强的抗挫能力是被爱出来的

心理学家曾奇峰曾举过一个武汉和哈尔滨冬天的例子:"武汉的冬天非常寒冷,气温约在零度左右,在过去取暖条件不太好的情况下,处处寒冷,家里比外面还冷,真有寒彻骨髓的感觉;在哈尔滨,虽然外面的气温更低,但是因为室内烧了暖气,却使得过冬并不痛苦。冷了,就在屋里待一会儿,然后再出门,就不会觉得外面的寒冷是一件很难忍受的事情了。"

这个例子说明:面对外面的寒冬(挫折),真正能抵御它的,并不是持续施加寒冷(挫折),恰恰相反,室内(家庭)的暖气(父母的爱和呵护)才是"中和"寒冷(挫折)的武器。换句话说,只有储备了足够的温暖,我们才能经得起严寒的侵袭;如果总是处于无边无际、从不间断的寒冷中,我们一定觉得无法承受。

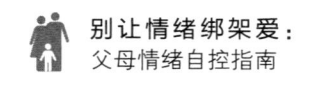

对于孩子的心灵来说，也是一样的道理。只有心灵得到了满足、温暖和幸福的滋养，孩子才能够经得起挫折、严寒和伤害，因为足够强的抗挫能力是被爱出来的。

≫ 挫折教育，不是制造挫折，而是培养能力

挫折教育的目的，是通过挫折教育磨炼孩子的意志，让孩子的内心更强大。挫折教育的真谛，是家长在孩子遇到困难的时候，激发孩子的潜能，培养孩子独立处理困难的能力。

如何培养孩子强大的内心力量，如何让孩子排除干扰，实现目标，如何让孩子能够不断地调试心情和状态，面对挫折时百折不挠，这才是挫折教育真正的意义。

如果父母想要实现这个目标，至少需要做好以下工作。

第一，给予孩子心理上的支撑与抱持。

抱持性态度，或者中立性态度，是家长给孩子最好的礼物。家长最好能中立地对待孩子的所有表现，尽量不给他赋予任何好或者不好的意义。心理学家温尼科特提出抱持性环境的概念，就是让孩子在家庭范围内尽可能不被评论，因为评论就意味着限定。

温尼科特曾经举过一个例子。

一个男孩和爸爸在机场等待登机，男孩对爸爸说："爸爸，我是世界之王。"话音刚落，就有一架飞机起飞，发动机发出巨大的轰鸣声。男孩听到巨响，吓得浑身发抖。这时候，非抱持性的爸爸会说："算了吧，就你这样还世界之王呢！"而抱持性的爸爸，则会将孩子抱在怀里，说："别怕，爸爸在这。"

家长给予孩子接纳和支持，孩子就不会害怕自己偶尔表现出的弱小，因为他知道有一个更加强大的人会保护他，自然就不会对恐惧产生羞耻感。因为他感受不到羞辱，只有被呵护。

如果家长不断贬低自己的孩子，会让孩子的心理更加脆弱，潜意识里就会认为自己孤苦无依，在面对挫折的时候，也就很难做到顽强不屈，淡定从容。

说到底，爱和自由的滋养，才是一个人面对挫折勇敢前行的底气。

第二，丰富孩子的方法和经验，增加孩子正向体验的机会。

孩子感受到的挫折，很多时候是源于经验匮乏，缺少应对的方法。比如说，一个孩子刚开始进入幼儿园时，他对这个新环境很陌生，缺少应对的方法。对他来说，这个新环境就是一种挫折体验。

这个时候，家长除了给孩子抱持性环境和心理支撑之外，还可以启发孩子开动脑筋想办法，尽快地适应这个陌生的新环境。比如，家长可以问孩子有什么感受，想要怎么应对这种局面，怎么打开和周围小朋友的关系，怎么融入新环境等。

当孩子缺少方法的时候，家长要积极引领，认真示范，并鼓励孩子大胆尝试。即使第一种方法失败了，孩子也不会有太多的挫败感，因为还有第二种方法、第三种方法。

归根到底，孩子面对挫折体验时的态度，决定了挫折教育是否成功。如果孩子面对困难时，不把它当成是一种挫折，而只是当作一次探索，那么他体验到的挫折感就会很少，面对困难的畏

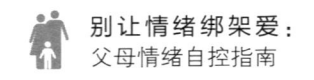

难情绪也会比较少，他可以使用更多的精力解决问题而不是对抗无助。

随着实践的增多，随着处理问题的经验更丰富以及正向体验的增加，孩子的自信心就会逐渐培养起来，一个独立、完整的精神内核也就逐渐发育完成。

所以，在抚养孩子的过程中，如果家长尊重孩子自身发展的秩序，能够给孩子充分的爱、恰当的规则和正确的引领，那么孩子就能很好地展现出应对挫折的心理素质和能力。基于以上分析，也可以看出挫折教育是一个伪命题。对于子女教育来说，父母恰恰要保护孩子，尽量减少他们的挫折感，这样才能帮助他们提高应对挫折的能力。

第三章

父母的人格水平，决定了托举孩子的高度

幸运的人用童年治愈一生，不幸的人用一生治愈童年。

"父母期待"用得好是鼓励,用不好是压力

一个女孩同我倾诉她在情感上的困扰。

女孩和她的男朋友经常吵架,争吵的起因大多都是由于男朋友对自己和他人都非常挑剔,无法忍受不完美。男孩的家境优越,父母关系和谐、通情达理,不管是父母还是两个姐姐都对他疼爱有加,他自己也非常孝敬父母,看上去家庭氛围和谐融洽。这就有点奇怪了,这样和谐的家庭环境,为什么会导致男孩拥有完美型的人格特质呢?

随着与女孩的进一步交流,我逐渐发现,在男孩看似和谐的家庭环境下,可能隐藏着某种不和谐,即父母隐性的高期待。男孩是家中的第三个孩子,他的出生饱含着家人的万般期待,他得到了父母和姐姐们的万千宠爱,却也承受着隐含期待的压力。男孩在周围"殷切期待"的环境下,逐渐变成一个具有完美特质的人。这种重压导致他中学时曾有过两年的抑郁症病史,现在虽然看上去已经痊愈,但是追求完美的特质却被他完整地保留了下来。

» 父母的"高期待",充满了对孩子的隐性压力

期待,尤其是隐含的期待,是一把双刃剑。用得好,父母的

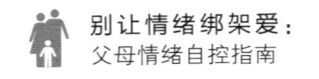

期待会对孩子产生积极的心理暗示；用得不好，则会成为孩子成长过程中的隐性压力，给孩子造成困扰。

我们每个人都有一些共通的渴望，比如被关注、被理解、被喜爱等。期待往往包含着积极的信号，自然也能激发人的动力。积极的期待本身，常常包含着父母对孩子最美好的祝福。如果父母能将自己的期待控制在合理的范围内，就会对孩子的成长起到积极的作用。

但是我们需要警惕父母的过高期待。在父母过高的期待中，孩子会产生"我不管怎么做，都达不到父母的期望"这种感觉，长此以往，孩子便会在巨大的压力下产生绝望。

2018年，有一则火爆全网的新闻，题目叫《妈妈，我去天堂了，这里太累了》。新闻中的父母一直对女儿怀有极高的期待，在女儿还很小的时候就开始嫌弃女儿笨，让女儿吃大量的健脑补品，使得女儿刚上小学四年级就初潮发育。在女儿上学的时候，父母又用各种方法帮助（胁迫）女儿好好学习，最终"费劲心力"地将女儿送进了知名高等学府。女儿大学毕业后，本以为终于可以自己决定命运了，然而父母又提出了新的目标，想方设法将她送进了大连一家知名的律师事务所。这份工作看起来前途似锦，但无法胜任工作的女儿却在这个环境中感到痛苦绝望。最终，女儿给妈妈留下了一封简短的邮件之后，毫不犹豫地从21楼跳下，结束了自己年轻的生命。

邮件里只有短短的几句话。

> 爸爸妈妈，我一直希望可以成为你们希望成为的那种人，可是，我始终成不了那种人。我很累，我一直活在不属于自己的圈子里，别人的优秀都是用来突出我的愚笨。太累了，就想休息，或许在天堂可以找到我的同类，不聪明，但活得很快乐。

在这则新闻中，女儿最终活出了自己，用结束生命（自毁）的方式，遵从了自己内心的意愿。但是这个"做自己"的代价，实在太过惨重。

高期待，常常是父母自恋的延伸。这类期待包含的意思是：我希望你能成为我希望的样子。不管是聪明、乖巧、努力，还是其他美好的品质，都是父母对孩子的期望，但是这些期望，是父母希望孩子成为的样子，还是父母相信孩子本来就具备的品质？这两者之间有巨大的差异。

当父母对孩子怀着"自恋式"的期待时，往往意味着父母总觉得孩子还没有达到自己的期望，所以这种期待常常包含着浓浓的否定意味。当父母在潜意识中总是认为孩子不行时，其关注的焦点也就容易聚焦在孩子的"不行"上，并每每在这种时候对孩子进行批评教育。对孩子来说，父母的选择性关注，就是一种负性的强化。

这种自恋式的期待，大多是家长的自我投射，在潜意识里，他们把自己渴望却没有实现的梦想，投射到对孩子的期望上。这样的家长，常会使用批评的方式对待孩子，结果常常事与愿违，

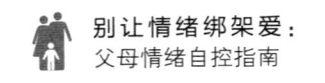

即使孩子实现了外在评价体系内的所谓成功,其内核的自卑也很难消除。

➢ "高期待"容易造成边界不清

除此之外,父母因为自己的高期待,往往在与孩子相处时边界不清,为了实现自己对孩子的高期待,他们常常对孩子进行控制。

在生活中,父母常常不自知地用自己的期待对孩子施加行为上的控制。比如,孩子正准备吃苹果,妈妈内心期待孩子先让她咬一口,以表示孩子对她的感恩和亲密,但是孩子没有这样做,这时妈妈的内心就很失望,虽然她并没有明确地表现出来,但是这种失望情绪还是会不由自主地流露出来。如果孩子敏感地捕捉到了妈妈的失望,很可能就会不知所措,或者觉得自己做错了什么。于是,孩子在下一次吃水果时可能会调整自己的行为,先给妈妈咬一口。当孩子发现这样做时妈妈很高兴,他的行为和人格就在妈妈的期待与失望(或者满意)中被限定了。

从这个角度上说,期待本质上是一种评判,而评判则意味着被限定。

在生命的最初,我们是只有感受,没有评判的。是非对错的观念,是随着成长的过程逐渐习得的。在成长过程中,我们之所以会很大程度上受到外界环境的影响,是因为我们在没有独立思考能力的时候,对外界的标准往往照单全收。父母的期待,也会被我们内化和吸收,最终变成自我期待。

如果父母的期待是恰当的、积极的,那我们也会内化这种期待，变得阳光而自信；如果父母的期待是消极的、过度的，我们同样会将它们内化吸收，变得苛责自己。

很多具有完美特质的人，其人格的来源几乎都是内化了父母给予的苛刻标准和过高期待。过高的期待，会变成孩子成长的负担。在能承受的范围内，它会伴随着痛苦和纠结的体验使孩子前行；在不能承受的范围内，可能就会导致孩子抑郁和绝望。因为过高的期待本身，也是另外一种形式的控制，而控制会带来抑郁。

≫ 不要混淆"过高期待"和"积极期待"

对于积极的期待，如果可以剔除父母的自恋，则会成为父母对孩子无条件的信任。父母相信孩子是最好的，这种信任如此根深蒂固，不容怀疑，甚至用"信仰"一词都不为过。心理学上著名的罗森塔尔效应，体现出来的就是来自权威的、积极的、真诚的期待对孩子产生的巨大影响作用。

在生活中，父母常常把期待和目的关联，这就偏离了爱的轨道。父母可以自我检查，当自己向孩子投射出期待时，是否伴随着强烈的目的性。如果有这种情况，就要尽量调整，将期待转化成对孩子的支持与信任，这样，来自父母的期待就成了孩子的心理资源而非压力。

总之，对孩子产生积极影响的期待与带给孩子压力的期待，**最本质的差别在于：是以谁为中心的期待？前者是以孩子为中心，后者是以父母为中心。**

父母可以问自己一个问题：自己是否能无条件地信任孩子，

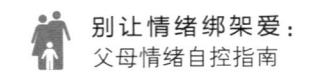

发自内心地相信孩子会成为一个更好的自己，还是并不相信孩子自身的能力，期待孩子变得更符合"我"的要求？

当然，也会有父母担心，如果过分相信孩子的能力，什么都以孩子为中心，会不会变成对孩子的溺爱，让孩子变得没有规矩？这个问题中，基本的概念被混淆了：以孩子为中心的意思是**放下自己的投射，相信孩子内在的秩序和动力，而不是放弃规矩，对孩子事事顺应**。这里面涉及父母和孩子"心理边界"的议题。事实上，如果父母在亲子关系中既能尊重孩子的边界，也能做真实的自己，那么孩子也会学习这种能力，他们会更容易在人际边界中找到"分寸"，知道什么是自我的界限，什么是他人的边界。

正如爱与规则从来都是不对立的一样，以孩子为中心的积极期待，对孩子无条件地接纳、理解，与孩子侵犯自己边界时及时制止，为孩子树立规则，二者并不冲突。

父母发自内心地信任孩子，相信孩子能有美好的未来，能成为最好的自己，这种无条件的信任和对孩子美好的期待，会成为孩子自尊、自爱、自信的基石，会构成孩子最明亮的生命底色，同时，这也将是孩子一辈子的底气和骄傲。

放下傲慢，警惕成为"双标型父母"

双标，就是双重标准，也就是"严以待人，宽以律己"。从亲子关系的角度来看，父母对孩子常常有诸多要求，他们通过给孩子讲道理，让孩子服从自己的要求。道理讲得慷慨激昂，义正词严，但是他们自己却往往做不到。

≫ "浑然不觉的双标"是身为父母的傲慢

"浑然不觉的双标"是父母身为权威最常见的一种傲慢。其实很多父母稍加觉察，就很容易地发现自己身上的双标。在养育孩子的过程中，父母的双标行为会对孩子产生非常严重的影响。

最常见的一种，是让孩子产生委屈和愤怒的感觉。**负面情绪对一个人伤害非常深远，孩子越小，这种伤害越严重。**

心理学研究表明，一个人的负面情绪如果不能得到及时的处理和化解，慢慢地就会进入到潜意识，以压抑或隔离的形式存储在那里，成为我们不能触碰的"伤口"。这种负面情绪带来的创伤会一直存在，形成一个人人格的一部分。

一个长期被父母双标行为压迫的孩子，必然会出现心理上的损害，或抑郁压抑，或逆反易怒，或兼而有之。尤其在父母十分

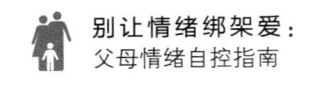

强势的亲子关系中，孩子被伤害后的委屈不能畅快地表达，那么孩子日后产生心理问题的可能性就会非常大。

父母的双标行为，也是滋生逆反情绪的肥沃土壤。很多家长在孩子上小学高年级到初中的阶段，因为感受到孩子的逆反而抓狂，但是很少有家长意识到，孩子在这个阶段表现出来的厌学逆反，其实是受到早期和长期家庭影响的结果。

很多父母在孩子小的时候，以为孩子不懂事，就随意地控制孩子。孩子出于怕被抛弃的恐惧，往往表现得乖巧顺从，家长便误以为自己的教育方法没有问题。实际上，这种做法为孩子之后的逆反埋下了隐患。年龄较小的孩子可能很难清晰地表达父母的双标行为，但是却能精准地识别。**父母双标，带来最大的问题就是"失信"。**一旦父母在孩子面前失信，他们以后说的话、讲的道理再正确，对教育孩子来说也没用了。

家长的威严，首先来自孩子的信任。父母有时候会气愤孩子对自己不尊重，却忘记了在家庭教育中，"信"是最有效的管理方式。家长自己言行不一，缺乏威信，还怎么要求孩子必须听话呢？

≫ 习得了"双标"的孩子难以幸福

著名教育学家苏霍姆林斯基说："人的全面发展取决于母亲和父亲在儿童面前是怎样的人，取决于儿童从父母的榜样中怎样认识人与人之间的关系和社会环境。"由此可见，父母的言传身教对孩子的个性、品质具有潜移默化的影响。很大程度上，父母的双标行为很容易被孩子习得，这会对孩子产生一系列不良影响。

第一，**社会功能受损**。没有人喜欢被别人用双重标准对待，双标行为会极大地影响孩子的社会功能。

第二，**自身容易累积负面情绪**。双标的人更容易产生委屈、愤怒和不公平的感觉。这样的孩子在和外界相处的时候，很容易因为自己不易察觉的双标行为，从而养成以自我为中心，习惯性地挑剔别人的毛病，这样反而会积累自己的负面情绪。

第三，**消极懈怠**。在自身有大量未处理的情绪的情况下，人是没办法集中注意力进入到学习当中的。双标的孩子积累了太多负面情绪，缺少正面反馈，这会让他们十分懈怠，充满疲惫，进入恶性循环。

父母可以想想自己作为孩子的时候，面对自己父母的双标行为时产生的委屈和愤怒，就自然能体会到双标行为对于孩子的危害了。

≫ "懒得改"的背后其实是恐惧

除此之外，其实有不少家长并非意识不到自己的双标行为，只是因为懒惰而不愿进行改变。趋利避害，喜欢待在舒适区，几乎是所有人的天性，家长自然也不例外。**从本质上来说，人们做出的任何改变，都意味着深层次的自我否定**。很多人无法面对这种深切的自我否定，所以"改变"这件事才显得格外困难。

但作为家长，需要觉察：我们以为的舒适，并非真正的舒适，相反，很可能会带给我们很多麻烦，比如孩子逆反厌学，我们可

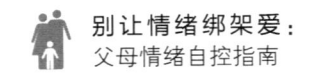

能也寝食难安。

"懒得改"与潜意识里的恐惧息息相关。我们习惯于生活在过去熟悉的经验中,哪怕这些经验并不美好,但因为足够熟悉,所以我们仍愿意"凑合"。这种对熟悉经验的依赖,会令我们很难有勇气和动力做出行动上的改变。这时候我们就需要从意识层面进行刻意的转变,提醒自己:"我的恐惧只是过去的经验,而我生活在此时此刻。"当一个人开始行动,寻找更多的方法,发现更多的可能性,也就逐渐改变了自己在教育上的"懒惰",成为真正为孩子负责的父母。

≫ 真正的改变来自深度的觉察

觉察是开悟的基础。当父母能够深刻地觉察自己身上的双标行为有多严重的时候,就离改正不远了。

不过需要注意的是,知道并不意味着觉察。知道仅仅是意识到,而深度的觉察,意味着自己和知道自己的表现有了深刻的联结,我们可以用自我追问的方式进行深度的思考。

家长可以问问自己:当我使用双标的方式时,我在想什么?当我习惯使用双标的方式应对孩子的时候,我最真实的想法是什么?当我使用了双标的方式,把孩子打压得哑口无言的时候,我的感受是什么?

如果家长真的愿意这样深度地觉察自己,可能会有一些令人惊讶却又真实的想法冒出来。比如说:当我使用双标的方式时,我心里是很舒服的,因为这样我就可以轻松地要求别人,享受到拥有权力的快感。

有了深度的觉察，才有高度的重视。有了深度的觉察，才有真正的成长。

"重视"属于认知的范畴。对一件事的重视程度，很大程度上决定了我们改变的程度。比如，一个喜欢抽烟的人，虽然他知道抽烟的习惯对身体很不好，但就是戒不了。直到有一天，医生告诉他："如果戒烟，或许你还能活三十年；如果不戒烟，你只能活三个月。"听完之后，他可能立即就能下定决心把烟戒掉。

任何人的成长都无法一蹴而就，所以家长也需要对自己保持耐心。一般来说，家长都不是故意要双标的，但是家长要有意识地提示自己觉察自己的双标行为，也可以通过观察孩子的反馈，提醒自己并及时做出行为调整。

比如说：当看到孩子委屈、愤怒的时候，不要忙着"镇压"孩子，而是换一种思维方式，从孩子的反应出发，思考自己做了什么让他这么委屈？

好的家长应该像一面镜子，能够不扭曲地真实反映孩子。我们应该及时通过孩子的反应来觉察自己的不足，进而弥补自己的错误带来的后果，真诚地尊重孩子的感受，倾听孩子的诉求，承认自己的问题，坦诚地和孩子交流。

人的一生很长，只要生命不结束，人就不应该放弃自我成长。对于孩子来说，他或许不需要完美的父母，但却需要有自省能力并愿意成长的父母。

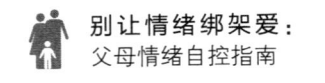

苦苦栽培的孩子,为何会成为"小白眼狼"

孟女士结婚之后,每天除了上班,剩下的时间全部用于经营家庭,照顾孩子。她的丈夫需要工作、应酬,对家庭不管不顾,只是对女儿的要求极为严苛。女儿在这样的教育下变得胆小、内向和自卑。孟女士的生活就这样艰难而平稳地进行着,直到发现了丈夫的出轨行为。孟女士无法接受这一切,崩溃又绝望,在半夜离家出走。这时,四岁的女儿知道了父母之间的矛盾,打电话威胁孟女士说:"如果妈妈不回家,我就从楼上跳下去。"孟女士接到女儿的电话,吓得心惊肉跳,急忙赶回家,阻止了女儿的行为。

几年之后,女儿依然记得孟女士离家出走的事,反复跟她强调:"爸爸妈妈不要离婚,离婚了,我就没有爸爸妈妈了。"孟女士向女儿解释道:"爸爸妈妈只是不在一起生活,但仍然爱你。"无奈的是,孟女士并不能改变女儿的想法。

孟女士对生活的困境越来越绝望,她倾诉道:"在家里,爸爸比较凶,女儿最怕爸爸,而我对女儿比较有耐心。一般情况下，我教育女儿的方式是讲道理，但有时候也放纵了她，比如给她乱买玩具。女儿最近成绩下滑，我也不想在工作上花费那么多的时间和精力，便想着换一份清闲的工作，以便更好地照顾女儿。但即使这样，我和丈夫产生矛盾冲突时，女儿都会维护爸爸。我现在很绝望，又不敢离婚，怕女儿真的伤害自己。"

孟女士还告诉我："在我小时候，我的爸爸在外地打工，家里的事情都是妈妈打理。我们家有三个孩子：哥哥、姐姐和我。妈妈忙于生活琐事，心力交瘁的她很难在教育孩子的时候保持耐心，所以我们不听话的时候，妈妈对我们常常是非打即骂。我开始念初中后，妈妈为了让我好好地长身体，每天都省下钱给我买一个水果。我也能体谅妈妈的不容易，只要一回家就帮妈妈做家务，在学习上也不用妈妈操心。后来我们兄妹三人都长大了，父母年纪也大了，没有想到爸爸却开始跟其他女人交往。妈妈为了我们三个孩子一味地忍让，但她还是免不了跟爸爸频繁地争吵，我现在觉得自己的婚姻状况跟妈妈挺像的。"

说到这里，孟女士好像突然醒悟，她急忙问道："我的哥哥和姐姐对父母都不太孝顺，我会不会最终成为妈妈那样，婚姻失败，而孩子又是个'小白眼狼'？平时我觉得女儿胆小、自卑，总是给她很多鼓励，很少凶她，但她却反过来欺负我，比如她非常听她爸爸的话，在爸

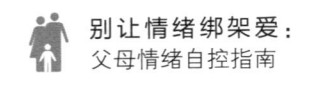

爸面前非常顺从，但一直把我的话当成耳边风。"

通过孟女士和她妈妈生活状态的对比，我们会发现，一个人从小耳濡目染所习得的行为模式，在成年后没有得到矫正和成长之前，翻版原生家庭父母的相处模式，几乎是一种必然。

为什么女儿会对从小陪伴并养育自己的妈妈与对自己苛责、严厉的爸爸之间，明显表现出对爸爸的偏袒，变成一个"小白眼狼"呢？这背后有以下几个令人深思的心理原因。

》 向强势者认同

人类在漫长的历史长河中不断演化，向强者认同几乎是写在人类血液里的基因。强者，是一种力量的象征，所以，向强者认同的心理，实质上是弱小者对力量的认同。

在孟女士家庭里，她不断地隐忍压抑，明显处于弱势；她的丈夫性格强势，是家中的"强势者"。作为天生就会察言观色的孩子，爸爸的力量是女儿渴望却又恐惧的，所以，她会不自觉地"讨好"爸爸。

年龄小的孩子，受自身认知的局限，分不清"强势者"和"强者"的区别，只是单纯凭感觉认同看起来更有力量的人。另外，孩子年龄越小，自身力量越薄弱，也就越容易认同强势者。

》 害怕受到惩罚

从孟女士的描述中可以看出来，孟女士对待女儿的态度比较温和，而丈夫则非常严厉。换句话说，女儿如果得罪了妈妈，付出的"成本"不会很高，但是得罪了爸爸，就可能遭受严厉的惩罚。

趋利避害是人的本能，正因为如此，孩子才会表现出"欺负"妈妈，"讨好"爸爸的现象。

》 对软弱的痛恨

孩子心中会有一个"理想父母"，尤其是"理想妈妈"的形象。孩子在潜意识里会希望自己的妈妈是一个温柔善良，有力量，能保护自己，对自己的要求了如指掌，能全面满足自己的"全能妈妈"。

我想孟女士并不符合女儿心目中的理想妈妈形象，孟女士比较软弱，缺少力量，这意味着孟女士不能很好地"保护"她自己和女儿，于是女儿在潜意识里会对妈妈产生愤怒情绪。这个愤怒，一是出于对妈妈不能自我保护的心疼，二是出于对妈妈不能保护女儿的恐惧。

所以女儿会对妈妈产生一种复杂而矛盾的心理：需要妈妈时依赖妈妈，不需要妈妈时攻击妈妈。换言之，孟女士平时对女儿没有边界的溺爱，实际上是培养了一个和她共生，同时又嫌弃她的孩子。

孟女士因为婚姻不顺，也不想花费过多的时间和精力在工作上，甚至看到孩子的学习成绩下降，还想换一个轻松的闲职，以更好地照顾女儿。孟女士的这个想法也从侧面表现出她没有自我，

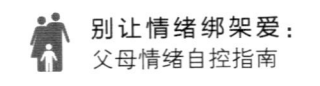

以他人（女儿）为中心的特点，这样的妈妈恐怕很难获得女儿的欣赏和仰望。

孩子需要的是一个能给自己高质量陪伴的"理想妈妈"，而不是一个没有理想、没有斗志的"弱者"。

女儿在孟女士面前展现了两种状态：一种是绑架和威胁母亲按照自己的意愿行动，比如用跳楼恐吓离家出走的孟女士回家；另一种是担心父母离异，自己成为"孤儿"的恐惧心态。

这是一种典型的"窝里横"的状态。一般来说，**越是心理力量弱的人，在家里就越呈现出"窝里横"的状态**，可是一到社会上，就显得非常软弱，孟女士的女儿就是如此。

≫ 威胁有效，源于妈妈的"一再退让"

女儿为什么能威胁妈妈？是因为她对妈妈的弱点了如指掌，所以，她会以"毁掉你最在乎的东西"来威胁恐吓妈妈，达到控制妈妈的目的。不要小看孩子，实际上孩子天生就有"控制父母"的本能。

这是一种非常危险的信号，如果这样的孩子不加以矫正，那么长大后，她就会习惯使用这种"无赖"的模式控制他人。这种行为模式，更容易被用在亲密关系中。但一个人的忍耐是有限度的，无节制地频繁使用这种模式，对方的忍耐早晚会达到极限，进而导致控制失灵。一旦控制失效，她就会陷入巨大的无力感和愤怒的情绪中。

另外，女儿之所以能控制孟女士，也是一个双方配合的结果。可以说，正是因为孟女士的一再退让，才导致了包括孩子在内的任何人，都可以自如地实施对她的掌控。

≫ "张牙舞爪"背后的深深恐惧

为什么孟女士无法让孩子接受"爸爸妈妈离婚后只是不在一起生活，但仍然爱你"的道理呢？这是因为孩子并没有在父母身上得到真正的爱和由爱带来的安全感。安全感缺失的孩子内心充满恐惧，无法相信一个还未发生的"空头支票"。这背后的逻辑是：本来我拥有的爱就很稀少，安全感就很缺失，如果连这么点东西都拿走，那我还有什么呢？所以，我不相信你的承诺。虽然我现在拥有的爱很"残破"，但这是我唯一的东西，我要誓死捍卫。女儿所有"张牙舞爪"的背后，其实都是防御和恐惧。

作为母亲，孟女士需要完成自我成长，这样才能真正给孩子带来正向的影响。孟女士需要知道，**一个人真正的善良，不是毫无原则的软弱，而是有底线的选择**。她对出轨的丈夫一直无原则地容忍，对孩子又常常溺爱，有时候孩子"欺负"她，她也没有做出反应，这种"迟钝"会让孩子在越过人际边界的同时感到空虚，她会感觉妈妈是没有力量的，自己也是不安全的。

另外，对于孩子来说，她需要的是接纳、理解和尊重。孟女士说她经常赞赏孩子，但是她的夸赞可能并没有说到孩子心里。孩子需要的不单纯是夸赞的形式，而是父母对自己的积极关注。同样，孩子需要的也不是空讲大道理和事无巨细、包办替代的管教，而是让她感觉到真正被理解、接纳和尊重的感觉。

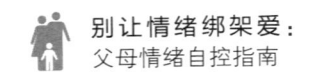

只有孩子内心有丰盈的安全感,她才能接受"爸爸妈妈离婚后只是不在一起生活,但依然爱你"这个道理。

最后,也是最重要的一点是:虽然孟女士是孩子的妈妈,但她首先应该成为她自己。**没有任何人可以依靠放弃自我来成全别人,无论这个"别人"是丈夫还是孩子**。一个人的自我放弃,除了让自己的人生停滞不前之外,还会影响到孩子。简单说,如果希望孩子是一个积极、阳光、自律、向上的人,那么孟女士需要自己先成为一个这样的人。

孩子总感觉被浇冷水,你是缺乏共情能力的父母吗

一天中午,正在公司上班的王女士接到上小学的女儿打来的电话。女儿嫌弃学校的饭菜不好吃,不想在学校吃饭,闹着要妈妈请假接她回家。王女士没有同意,只是在电话中对女儿进行安抚。

晚上,王女士从学校接女儿回到家中,女儿还在为中午的事情耿耿于怀,气鼓鼓地向王女士提出了要求:"我要吃炸鸡,妈妈帮我买吧。"

王女士有些生气:"你想吃炸鸡,为什么不在路上的时候提出来呢?我们都回到家了,你才说这件事。"话虽如此,她还是忍着脾气出门,到楼下给女儿买了炸鸡。

女儿吃完炸鸡已经饱了,但是看着王女士晚上还没有吃东西,只是在看电视,便关心地问道:"妈妈,你要吃炸鸡吗?"

王女士对女儿的气还没有消,冷漠地回复:"不要,你自己吃吧。"

女儿又问:"爸爸今天晚上要很晚才能回来,你先去做点饭吃吧,不要等他了。"

于是，王女士便去厨房，简单地给自己做了一碗疙瘩汤。女儿凑过来从后面抱住王女士说："妈妈你做的饭真香，好厉害啊，我今天在学校里可想你啦。"

看着女儿可爱的笑脸，王女士也很开心，她回答道："妈妈也很想你，但你以后能不能好好说话，不要提一些无理的要求，你总是耍小性子，发脾气，弄得大家都很不开心。"

没等王女士说完，女儿便气呼呼地跑进了自己的房间。

这个场景熟悉吗？不只是亲子关系，就是夫妻之间，是不是也经常出现类似的场景？我们常常和亲密的人闹得不欢而散，这是因为我们经常在该谈情的时候讲道理，这实在是一件大煞风景的事。

青少年的很多逆反情绪，都和父母的唠叨有关。在某种程度上，**父母越唠叨，孩子越逆反**。父母唠叨的是什么？无非就是一些正确的道理。可是，再正确的道理，如果不断地被重复，也就变得一文不值了。

相比孩子的逆反情绪，更值得我们警惕的是孩子的逆反人格。当一个孩子长期处于引发他逆反情绪的情境中，逆反人格也就逐渐地在他身上烙上了烙印。这种人格就像一种无法痊愈的内伤，内心总是充满愤怒。对孩子来说，这是一种极其痛苦的体验，也会损害他的人际关系。

值得注意的是，"逆反"是强势者给弱势者起的不公平的名字，逆反产生的根本原因是弱势者想要摆脱控制。从某种角度来说，**没有控制，也就没有逆反**。孩子逆反，实际上是对父母的教育方式敲响的警钟，表明孩子在用自己的方式矫正父母的养育模式，这对于父母自身的个人成长来说，也是有利的。

我们再把话题拉回上述案例中，作为妈妈，王女士犯了哪些"错误"呢？

≫ 以"抱怨、指责"代替自己的真实意思

女儿想吃炸鸡，但是没有在回家之前提出。发生这种现象有多种可能。

A. 可能女儿还在为中午的事耿耿于怀，故意"报复"妈妈。

B. 可能在妈妈回家前，女儿还没有想到吃炸鸡，只是临时起意。

C. 也可能女儿因为中午的要求没有得到满足，便想提出这个任性的要求，试探妈妈的态度。

从女儿晚上吃完炸鸡之后对妈妈表示爱意来看，女儿的意图极有可能是第三种：试探妈妈的态度。但不管是哪一种，王女士都可以采用更为恰当的方式回应。

王女士的那一句"你想吃炸鸡，为什么不在路上的时候提出来呢？我们都回家了，你才说这件事"，她想表达什么呢？她实际想表达的意思很可能是："我到家了你才提出买炸鸡的要求，这样我就必须得再下楼一趟，我觉得挺麻烦的，如果你以后能提前说

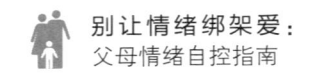

就好了。"

虽然王女士最后还是下楼买了炸鸡，但实际上她的情绪并没有得到宣泄。如果王女士可以真实地表达自己的感受和诉求，那样女儿接受起来也会更加容易，王女士自己也不必压抑。

其实，王女士的这种处理方式在生活中很常见。但是，**当我们对别人施以抱怨、指责的口吻时，往往也会收获对方的逆反和对立。**如果能够换一种形式，既不压抑自己，也不让别人难受，可能我们与别人发生的矛盾就会减少很多。

≫ 不会共情，所以读不懂孩子背后的语言

不管是孩子提出要买炸鸡时"气鼓鼓"的语气，还是女儿在王女士做疙瘩汤时拐弯抹角的"讨好"，整个过程中王女士都显得比较"麻木"。换句话说，她没有读懂孩子真实的"语言"。

语言是最具欺骗性的工具，我们在生活中经常自觉或不自觉地言不由衷，这种言不由衷在人有情绪的时候表现得尤为明显。例如A和B吵架，这时A心里想的是"快来哄哄我"，但是当B和A说话时，A可能会口出恶言，让B"离我远点"。如果B真的听了A的话转身走开，可能A会更生气。

女儿提出要买炸鸡，除了她真的想吃炸鸡外，这更是她的一种心理上的需求，这个需求可能是出于试探妈妈的目的，也可能是出于想要被妈妈看到的渴望。从女儿在妈妈买炸鸡前后的反应来看，当她的心理需求被满足之后，她的态度也有了180度的大转弯。

当一个人的内在需求得到满足，他的情绪才能由激动转向平和，这是实现有效沟通的前提和基础。**不管是大人还是孩子，无理取闹的背后，都藏着未被满足的需求**。也可以说，一个人越爱无理取闹，越说明他内心的匮乏。这类人的心理逻辑是："我要用你能包容（容忍）我多少缺点，来验证你是否真的在乎（爱）我。"他们无比拧巴，渴望爱，试探爱，最后又常常弄巧成拙被别人嫌弃。

对待无理取闹，最适合的态度是：看到并接纳他的情绪，理解他背后的需求，以合适的方式给他满足。这个"合适"，既不是无原则的溺爱，也不是按照自己的意愿想给多少给多少。

习惯无理取闹的人，内心常常匮乏，缺乏情感的联结，一旦他们感觉到自己被看见、被理解、被满足，就会像案例中的女儿一样，变得特别开心。我们可以看到，当女儿被妈妈满足后，她的注意力马上就从自己身上转移到了妈妈那里，她反复关心妈妈晚上吃什么，几点吃，吃得有没有营养。

孩子是父母天然的追随者，他们对父母的忠诚，在出生的那一刻就决定了。所以，孩子后天表现出来的逆反，实际上更多的是对父母控制的"忍无可忍"。一旦他们被理解和接纳，对父母的爱根本是藏都藏不住的。

所以，很多时候孩子不是不懂道理，不辨是非，他们种种令人生气的行为，只是因为他们内心被爱、被理解、被接纳的需要没有得到真正的满足。

如果王女士能看懂女儿的无理取闹，她就不会对自己到家后

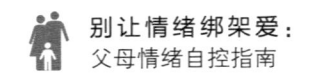

女儿才提出买炸鸡吃的要求那么愤怒,她会知道这是女儿的情绪没有得到很好的疏导,又不会用别的办法来发泄情绪,所以笨拙地用这种方式来寻求关注。

同样,如果王女士能看懂女儿后来的撒娇和讨好,其背后是渴望和妈妈建立亲密的联结,那么王女士就不会忽视女儿的这种渴望,也不会不合时宜地宣讲道理了。

➢ 在该讲"情"的时候去讲"道理"

如果家长太爱讲道理,孩子有时候就会显得"蛮不讲理",这不是因为孩子真的不懂是非,而是因为他对"讲道理"产生了严重的逆反情绪。

不分场合、不分时间地宣讲道理,是很多家长常犯的错误,这会让孩子感觉像是被泼了一盆冷水。网络上有一个很热门的词,叫"做不扫兴的家长",其实就包含了"不要不合时宜地宣讲道理"这层含义。家庭本来是一个应该讲情的地方,但我们却常常用来讲了道理。

➢ 父母为什么特别爱讲道理

从心理层面来说,父母特别爱讲道理有很多原因。有的家长是在用讲道理的方式来隔离与孩子之间的爱,当然这种隔离是无意识的。这是因为如果父母和孩子关系太紧密,常常会激发他们内心深处的焦虑情绪,这种现象与父母自身的成长背景有关,他们和自己的父母之间也缺少深度的亲密体验。

还有一部分父母在与孩子相处的过程中，除了讲道理以外，没有太多别的方法。这样的父母一般内心都有比较深的忧惧，他们潜意识里认为教育孩子不犯错，就是对孩子最大的保护，而杜绝孩子犯错最简单的方式，就是灌输正确的道理。这其实也是一种幻象，就像人们买了书就缓解了自己对知识的焦虑一样，讲道理的行为从某种程度上也缓解了父母怕孩子犯错的焦虑心理。

除此之外，有些父母自身缺少独立思考的能力，评判性思维太过牢固，以至于无法从"对错""应该"的固化思维中解脱出来，这也使得他们很爱给孩子讲道理。

道理是冷的，感受是热的。**讲道理常常伴随着对感受的隔离，缺少了感受，也就意味着缺少了共情能力。**很多家长都想说出孩子愿意听、能打动孩子的话，但要做到这一点，离不开对孩子的共情。

我们可以猜测一下，当孩子撒娇着说"我今天在学校里可想你了"的时候，她的感受是什么？我猜大概率是因为：妈妈没有计较自己的无理取闹，而是为我买回了炸鸡，我在妈妈那得到了爱和温暖，感受到了妈妈对自己的接纳和包容。这个时候，对于妈妈来说，是一个多好的和孩子亲密互动的时刻啊。但是王女士却忽视了孩子的这种渴望，反倒是"看准时机"给孩子讲起了道理。对孩子来说，这就像是往急速升温的炭火上浇了一盆冷水，热情和温存瞬间被浇灭。

王女士可能想的是：我太希望孩子变好了，所以现在趁着孩

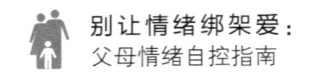

子心情不错,我得赶紧抓住机会好好地教育她。可结果却是让孩子越来越不愿意靠近父母,因为在孩子心里,一个条件反射已经牢固建立:靠近父母=被挑剔或被教育。

　　本质上说,父母对孩子唠叨及教育的背后都是不信任。毕竟只有在觉得孩子还不够好的时候,他们才会想到教育孩子。但父母可能不知道,**"教育"这件事之所以能起作用,并不在于纠错,而在于接纳和信任**。孩子能被父母潜移默化地影响,却很难只通过"修理"就变得更好。如果家长深刻地理解这一点,就能跟孩子产生高质量的有效沟通。

第三章
父母的人格水平，决定了托举孩子的高度

对待孩子之间冲突的方式，折射父母的教育水平

孩子跟其他小伙伴发生争执，是十分正常的事情。孩子们在一起玩耍，难免会有各种磕磕碰碰。有的孩子觉得自己被小伙伴欺负了，便会委屈地向家长告状。但是如果我们仔细观察就会发现，孩子们经常互相"放狠话"说："我不和你玩了！"结果没过多久就又开心地抱在一起哈哈大笑。

某日，唐女士带儿子瑞瑞去游乐场玩。瑞瑞在海洋球的池子里玩得特别开心，唐女士便在池子外一边玩手机，一边等候瑞瑞。忽然海洋球的池子里一阵喧闹，唐女士抬头一看，原来是瑞瑞跟一个瘦瘦小小的男孩扭打在一起，她连忙过去将两人拉开。这时，瘦小男孩的妈妈急匆匆地走过来，对瑞瑞怒目而视，喝问："怎么回事，你这孩子怎么打人啊？"瑞瑞一向不善表达，在这种情况下急得面红耳赤，支支吾吾怎么也说不出个完整的句子。而那个瘦小的男孩趁此时机，又跑到瑞瑞面前打了他两下。唐女士虽然有点不高兴，但也并没有特别将男孩的这种行为放在心上。男孩妈妈在发泄完不满之后，便带着男孩离开了。

唐女士以为这件事就这样过去了，便让瑞瑞在游乐场再玩一会儿。没有想到，刚才的那位妈妈并没有打算平息此事，而是把男孩的爷爷也叫了过来，要为男孩"讨回公道"。爷爷指着瑞瑞就是一顿臭骂，非要让瑞瑞给自己的孙子道歉。

唐女士被对方的这种行为激怒了，便与他们争执了起来。由于瑞瑞的个子比对方高大一些，而且对方脸上还有瑞瑞抓出的红痕，所以，围观的群众都劝瑞瑞给瘦小男孩道歉。

因为瑞瑞身材比同龄小朋友高大，而且总是不能解释清楚事情的来龙去脉，所以以前在遇到这种情况时，唐女士都是让瑞瑞给别人道歉。唐女士对瑞瑞的"嘴笨"很烦躁，她的想法是：既然你解释不清楚，那就乖乖给别人道歉吧。

但是这一次，唐女士却毫不退让，不管对方家长多么强势，她都没有同意让瑞瑞给对方道歉。她坚持说："既然双方都说不清对错，那就互相各退一步吧。"

回到家后，瑞瑞很开心，跟唐女士说了很多话，还主动讲述了事情的经过。原来是两个孩子在玩耍的过程中不小心碰撞在了一起，也记不清谁先打的谁，反正结果就是两个男孩扭打到了一起。

最后，唐女士也无法判断出谁更"占理"。对此，唐女士的困惑是：如果再遇到类似场景，该怎么处理？

在生活中，上面的案例比较常见。孩子之间发生冲突的时候，家长可以注意以下几个方面。

≫ 充分信任孩子解决问题的能力

家长要充分地信任自己的孩子，相信他有能力自己解决问题。

信任孩子，是科学育儿观的核心内容。孩子的成长过程，也是其社会化功能不断发展的过程，在这个过程中，与同伴玩耍是一个非常有效的帮助孩子实现社会化的途径。在与同伴交往的过程中，孩子会不断地探索人际交往的界限、尺度和方法，在实践中明晰社会规则，拿捏自己的行为尺度。

家长从内心深处真正地相信孩子，把解决问题的权利交给孩子，这样才能使孩子在自己的世界真正地发挥主观能动性，自主地探索世界。

≫ 避免以"成人化"方式介入孩子的纠纷

家长的介入，往往带着"成人化"的思维方式，这会对孩子造成不良影响。孩子还小的时候，不懂太多道理，但是却能依靠自身纯真善良的天性与自然和谐地相处。而大多数成年人生活在各种对错、是非的评判里，身上有太多"成人化"的思维方式，这些思维方式使得他们看问题的标准既刻板又单一。当家长介入孩子的矛盾时，难免会将自身"成人化"的思维方式显露出来，并被孩子潜移默化地学习。

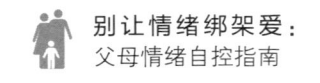

举个例子,有的家长特别关注自己的孩子是不是吃亏了,是不是受欺负了,这与其说是他们心疼孩子,不如说是他们自己爱记仇、爱报复,这些家长的担心实际上是自己内心斤斤计较的对外投射。

还有一些家长由于自己的成长经历不如意,在他们的潜意识里,有强烈的不安全感和受害者心理,等他们有了孩子之后,也会将自己的这种感受投射到孩子身上。比如给年幼的孩子灌输社会险恶、人心无常等负面观念,在孩子之间发生小摩擦的时候,爱上纲上线,习惯将矛盾提升到一定的高度。这样的教育方式,让孩子在生命之初,就对外面的世界抱有敌意,很容易使孩子心胸狭窄,降低人际交往中的坦荡品质,发展出敌意的人格特点。

对孩子来说,良好的同伴关系是孩子自身成长的营养品,父母过多地干涉孩子的人际关系,反而容易污染孩子的心灵。

≫ "不放大、不介入",把选择权交给孩子

不放大问题,不介入矛盾,把选择权交给孩子,这是家长处理孩子之间冲突的基本原则。

成年人经常带着自身的评判,将孩子之间发生冲突视为"犯错误",将两个孩子之间的矛盾视为欺负与被欺负的关系。

在上述案例中,对方男孩的家长就是这样。本来是两个孩子之间发生的口角冲突,拉开或者问问情况,没有大碍就让孩子们自己处理即可,但是家长的介入会让矛盾升级。对方男孩趁着自己的妈妈质问瑞瑞的时候,又打了瑞瑞几下,对方男孩的这种行

为，和家庭环境的熏陶不无关系。当他看到有人撑腰时，就会变得胆大，甚至有的孩子为了迎合这类父母，还会自动养成"颠倒黑白""告黑状"等不良的人格品质。

有一些家长的介入则是另外一个极端。这类人非常恐惧冲突，当看到自己的孩子和别人发生冲突时，其内心是焦虑的，他们担心别人说自己不会教育孩子，所以会在第一时间介入孩子之间的矛盾。

没必要的介入或者不恰当的介入，都会使孩子之间的矛盾放大，剥夺孩子自己处理人际矛盾的时间和空间，是对孩子"社会化"能力的损伤。除此之外，家长着急的态度，也会让孩子觉得自己遇到一点小问题都是大问题，从而变得斤斤计较，心胸狭隘。

≫ 区分不怕吃亏和虚假豁达

父母在孩子之间发生矛盾时，表现出一种云淡风轻甚至是不怕吃亏的态度，这对孩子来说，无异于向他传递了一种信息：发生冲突很正常，不用太过在意。家长的这种态度，会对孩子的心理建设起到积极的作用。孩子构建了这样的认知基础，有利于其人际关系的正常发展。

但有的家长可能会对此存在疑惑：如果家长这样做，会不会让孩子觉得委屈，觉得家长没有支持他们呢？实际上，孩子远比大人想象的更加大方、豁达，只要家长不刻意夸张或强调孩子的"损失"，孩子自己是不会过度在意的。

但是，家长需要对云淡风轻和虚假豁达做出区分。前者是指

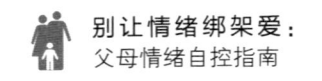

家长不斤斤计较，不对孩子的冲突矛盾做过度的强化，而后者则是给孩子一味地讲大道理，比如"吃亏是福"，逼迫孩子认错道歉（像唐女士之前做的那样）。当家长不分青红皂白就让孩子道歉的时候，孩子可能本身在和小朋友的冲突中没有感受到太多的委屈，但是却会在家长的"强制"下感到压抑和委屈。

家长需要分清楚，"吃亏是福"并不是让人忍气吞声，而是以豁达之心看待冲突。所以，豁达一定不会让我们压抑情绪，而是让我们修炼从容的气度。

家长不管孩子之间发生冲突的原因，总是要求自己的孩子反省，甚至强迫孩子向对方道歉，实际上是家长惧怕冲突的心理投射。家长把孩子之间的冲突看得太重，才会特别强调道歉，着急化解矛盾。

所以，风轻云淡是家长面对冲突时的从容和淡定，而虚假豁达则是家长面对冲突时的紧张和焦虑，家长需要清楚两者的区别。

≫ 给孩子提供心理支持

在此之前，唐女士在瑞瑞跟其他小伙伴发生冲突的时候，都是让瑞瑞给别人道歉，这里面的原因包含了唐女士对儿子不善表达的愤怒。

唐女士只看到孩子不善表达的现象，却没有看懂孩子为什么不善表达。一般来说，能够顺畅表达的人，情绪不会积压太多。而父母总是给孩子营造紧张、严厉的氛围，那么孩子的表达功能就会持续受损，变得不善表达。同时因为孩子的情绪没有自然地流动，而是被压抑了，所以负面情绪就会一直持续发酵。当负面情绪累积到一定程度时，就很容易因为一件小事爆发出来，所以不善表达的孩子反而有时更爱动手。

想解决孩子不善表达的问题，父母需要给孩子营造良好的、利于表达的环境。比如在上述案例中，唐女士这一次面对强势的对方家长没有妥协，回到家后，儿子反而和她说了很多话，还主动讲述了事情的来龙去脉。发生了矛盾后，孩子像闷葫芦一样不肯开口，回到家里后，孩子主动讲述事情原委，这中间发生的变化，核心源于唐女士的改变。

所以，父母虽然不需要过度介入孩子之间的矛盾，但是如果遇到对方家长咄咄逼人甚至蛮横无理时，首先要做的就是给自己的孩子心理支撑和保护。

家庭教育无小事，家长的处事态度和其养育水平密不可分。家长的教育理念会从日常生活的一粥一饭、一点一滴中体现出来，给孩子带来潜移默化的影响。

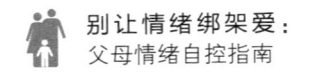

懒得思考型和学习成长型父母,差别有多大

家庭教育的主旨并不复杂,但是却需要用心体察。如果父母愿意耐心地体察孩子,尝试理解孩子行为背后的心理,很多问题就迎刃而解了。但是大部分父母都会陷入一个怪圈:一方面为孩子焦虑,面对问题一筹莫展;另一方面又时时犯懒,懒得思考更懒得改变。

我曾目睹过这样一幕。

一个四岁左右的男孩,站在干枯的灌木丛中,双手各执一根枯树枝。他身边几步远的位置,站着一位奶奶。男孩在灌木丛中突然摔倒,我在一旁惊出了一身冷汗,如果男孩的眼睛一不小心扎到那些枝杈上,真是太危险了。男孩摔倒后并没有哭,可是站在一旁的奶奶也没有什么动作,继续悠闲地嗑着瓜子。随后,奶奶不知道说了句什么,男孩迅速地爬了起来,走出灌木丛,来到了奶奶身边。男孩的小脸摔得脏兮兮的,手里只剩下了一根树枝,他走到奶奶面前,忽然用树枝打了奶奶几下。

原来,小男孩是因为自己摔倒受到了惊吓。在刚摔倒的时候,他的注意力出于自我保护的本能,更多地放在了对抗危险上，所以暂时忽略了因摔倒带来的恐惧和愤怒。但是脱离"险境"之后，刚才被暂时隔离的恐惧和愤怒情绪涌了出来，所以，他"后知后觉"地走到奶奶身边发作，用树枝抽打奶奶。

只见奶奶愤怒地夺过男孩手里的树枝，扔在了地上，然后一只手拽着小男孩的胳膊，另一只手狠狠地打了小男孩几下，一边打还一边说："你竟敢打我，快点给我道歉！"

我在一旁仔细观察了男孩的反应：他刚开始打奶奶的时候，小脸绷着，一副不高兴的样子，当奶奶刚开始打他的时候，他没有马上哭，但是脸部发生了微妙的变化：开始有委屈但又压抑的表情，随着奶奶又打了他几下，他突然咧开嘴号啕大哭起来，脸上瞬间布满了泪花。

其实整件事的发生，前后不过一两分钟，但是这个在生活中随处可见的小事件，却可以折射出家庭教育的很多问题。

≫ 太在意自己，就容易忽略孩子

家长如果太在意自己的感受，就容易忽视孩子的感受。我们都生活在"关系"当中，这个关系，是指我们和别人之间发生的联结。在关系里，我们和别人接触或碰撞，会产生相应的情绪反应。当我们有情绪，尤其是愤怒、悲伤等负面情绪的时候，会习惯性地专注于自己的情绪，而忽视对方的感受，这也是造成很多

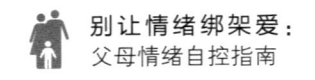

家长知行不合一的原因。虽然家长想理解孩子，但是一旦自己的情绪被激怒时，关注自己的情绪就会不自觉地多过关心孩子的感受。

就像这个案例中的奶奶，当她被男孩打的时候，她感觉到的是愤怒，孙子竟然以下犯上，竟敢打她。在愤怒的情绪下，她就很难关注到孩子的世界里发生了什么。奶奶因为着急发泄自己的愤怒，所以才会有狠狠地打男孩的行为，可能后续还会强迫孩子向自己道歉。只有完成了这一系列动作，她才会感觉自己心里的气撒了，自己舒服了。

如果想避免这样的情形发生，家长就需要**学会有效地疏导自己的情绪，或者给自己的情绪按下"暂停键"**。当在意识层面有这样的提示之后，直接根据负面情绪做出反应的情况就会减少。

≫ 请先放下"道理"

对孩子的体察，最关键的一点是放下"道理"。案例中的奶奶在训斥孩子的时候说："你竟然敢打我，快向我道歉！"这句话背后是对男孩行为的不认可，即"你打人，尤其是打我，这是错的，是不被允许的"。在生活中，家长很容易在事件发生的第一时间就论出个对错是非，这是一种评判性的思维习惯。

过分关注对错，会导致我们活在"道理"里，而不是活在"感受"里。但事实上，我们首先是活在"感受"里的。大部分人的行为反应，都是基于自己的感受做出来的。就像这位奶奶，她首先是对孩子打她这件事感觉到愤怒和不高兴，所以才有接下来的指责行为。如果她不在乎被小孩子冒犯，肯定就不会做出这种反应了。

大人如此，孩子也一样，孩子也是活在感受里的。我们之所以说父母不恰当的养育方式会给孩子带来创伤，指的就是孩子在感受上的创伤体验。

所以，忽略孩子的感受而一味强调是非对错，往往起不到任何作用。这就是为什么有些家长苦口婆心地给孩子讲一堆大道理，但是毫无效果的原因。在孩子的感受没有被理解，情绪没有被处理之前，谈他的行为对错，除了让他感觉到二次创伤之外，没什么用处。

≫ 不做"懒"父母，读懂孩子行为背后的心理

家长需要体察孩子行为背后的心理，读懂孩子真正的需要。相较于给孩子一通打骂，或者给孩子喋喋不休地讲一些"正确但无效"的道理，细心体察和耐心引领，则需要家长付出更多的心血和智慧。但是，很多家长并不愿意采用这么费劲的方式，觉得只是让孩子不犯错而已，没必要这么"麻烦"。

"怕麻烦"实际上是一种思想上的偷懒。这样的家长，会用战术上的忙碌（表面上对孩子全面呵护，累得筋疲力尽）来掩饰战略上的懒惰（不肯学习和自我成长）。

包括孩子在内的每个人，其行为都有自身的合理性。就像案例中这个孩子，他之所以会拿着树枝打奶奶，是由于他不知道如何处理自己摔了一跤的恐惧情绪和对自己摔跤的挫败感，由此做

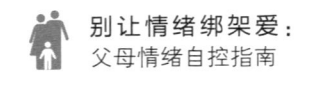

出的一种补偿。

当人有失误的时候，出于对自己的保护，往往都会下意识地寻找一个"替罪羊"，埋怨对方让自己生气，这样可以有效地化解自己无法面对自己犯错的挫败感。很多成人尚且如此，何况一个三四岁的幼童！

也许有人会说："我就不是这样的人，我每次出了问题都会先查找自己的原因。"如果你真的是这样的人，那么真的值得我们赞赏。但是很多人的内归因并不是真正的内归因，而只是表面现象。比如，同样是面对生活中出现的意外状况，有的人坦然地承担责任，积极地寻找解决办法；有的人同是内心恐惧犯错，但又不得不承担责任，所以在承担责任的同时还会伴有自责、内疚等情绪。后者虽然从表面上看和前者无异，但本质上却是内心没有依靠的无奈之举。

真正能够内归因的孩子，是在父母的引导下自主产生的，这样的孩子敢于且愿意为自己的行为负责，是真正对自我负责的人。对于另一种人来说，自我负责是无奈之举，因为在他们的成长过程中，父母每次在他们犯错之后，都用"讲道理"的方式推卸责任，他们无疑是在用行动告诉孩子："你错了，我没错。你自己必须为你的错误买单，承担责任，别指望我能理解你的情绪。"

≫ 做个成长型父母，才能看到孩子行为背后的需求

家长读不懂孩子，有的人是源于认知受限，根本就不知道还需要考虑孩子的感受这个理念；还有的人，则是知道但是做不到。

比如案例中的奶奶，为什么她被小孩打的时候会那么愤怒呢？**首先是源于她的认知。**她觉得孩子是不能打大人的，打了就是"以下犯上"，这个评判性的认知在她心中根深蒂固。**其次是源于奶奶自己的情绪被小男孩激发了**，奶奶的"情绪按钮"被小男孩触发了。

也许有人困惑：按照常理来说，大人不会跟一个小孩子计较，即使真的被打几下，也不至于动真气，但为什么生活中会有很多家长像这位奶奶一样，反应如此激烈呢？

奶奶的反应是一种自动化反应，也就是说在被打那一刻，她没有用理智去思考这个问题，而是不经思索地做出了一个自动化的反应。一般说来，如果一个人的成长环境比较苛刻，那么他长大后就容易出现类似的情形。这类人在小的时候，可能经受了很多冤枉、强迫、指责和打骂等伤害性体验，也积攒了很多委屈、压抑的情绪，当他长大之后，其"内在小孩"并没有跟着年龄一起长大，所以每当他们遭遇和过去类似的情境时（比如被打，哪怕是一个小孩打他），他们内心的创伤就会被重新激活，情绪按钮也会启动，随之做出激烈的反应。

每个不能耐心地理解孩子的人，在某种程度来说，他自己本身也是伤痕累累。由此可见，**成长并不是孩子的专利，也是父母的必修课**。

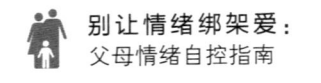

走出原生家庭的限定，完成个人成长

某电台的一档亲子类综艺节目曾在网络上引发热议。记得在其中一季的父子组合中，有位男明星对儿子粗暴、严苛的教育方式，引发了网友的集体声讨。

在节目中，该明星带着7岁的儿子乘坐汽车前往指定地点。儿子刚下车，搞不清楚周围的环境，导致他跟爸爸走反了方向。谁知就这样一个小错误，竟然将爸爸激怒了。爸爸对着儿子大吼一声："我从哪边走的？走回去，再走一遍！"随后又对孩子走路的速度、姿势和仪容进行了一番严厉的批评。

到了大家随机抽签选房子的时候，儿子开心地选了5号房子，说："因为5号是我的幸运数字。"爸爸立刻在旁边给儿子泼冷水："5号不是我的幸运数字。"儿子看到爸爸的脸色，立马就停止了笑容。

在节目组公布了抽签结果后，他们发现原来5号房子在最高的山顶上，爸爸便将气撒在儿子身上。山上海拔较高，工作人员提醒爸爸，如果孩子走不动，可以抱一下。但是爸爸不仅无视了工作人员的建议，甚至要求儿子走快一点:"你能不能快点,不能的话,我再让你跑到村口再走回来。"儿子只好气喘吁吁地说:"能。"看到儿子脸色发白,却依然竭尽全力地加快速度,爸爸非但没有心疼儿子,反而开始对儿子展开嘲讽:"5不是你的幸运数字吗?太棒了!"儿子只好小心翼翼地说:"那下次选1吧。"爸爸随口便接了一句:"那下次1号房子就会是最远的。"这一番对话下来,彻底让儿子心情沮丧到谷底。

不夸张地说,任何一个人,哪怕没有接触过家庭教育和儿童心理学的人,都能轻易地看出这位爸爸在亲子教育上的不妥之处。但是,每一个严苛的父母内心中,其实都住着一个未曾被温柔以待的"小孩"。指出像这位爸爸这类家长的问题不难,难的是这类家长如何跳出自己原生家庭的限定,完成自己内心的和解,给自己的孩子一个和谐的抚育环境。

这位爸爸早年接受采访时的一个视频中,曾透露他自己也有一个残暴的爸爸和一个不幸的童年。他被爸爸"从小打到大",爸爸曾经因为打他打折了一条桌子腿,他也曾因为爸爸的暴打而离家出走,用他自己的话说,爸爸的行为"搁现在都能告他,把他关起来"。他说:"我的自闭和自卑,应该就是那个时候养成的。"

如果想给别人一瓢水,那么自己首先要有一桶水。在家庭教育中,也是相同的道理。**很多人在亲密关系中之所以"不能表达爱",不是因为缺少爱的愿望和初心,而是因为缺少爱的能力。**

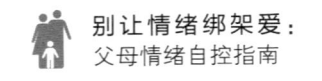

当一个人的内心荒如沙漠，没有得到过爱的滋养时，他并不会因为有了孩子，成为父母，就自然地发生根本性的转变。父母爱孩子虽然是一种本能，但是在实际的操作过程中，却会受到自身心智成熟度的影响和限制。

这正是原生家庭理论深入人心的原因，无数科学研究和实验，都证明了一个人成长的外在环境，尤其是家庭环境，对一个人影响深远。被爱滋养长大的人，内心是轻松的，而一个在缺爱环境下长大的人，无论外表多么强悍，或者伪装得多么高兴，在社会化的"面具"背后，都有着一颗紧张的心。这颗心无法舒展，无法真正地放松，也无法构建真正的信任，更无法给予别人真正的滋养。

一位著名心理学家曾说：**幸运的人用童年治愈一生，不幸的人用一生治愈童年**。虽然每个人都带着各自不同的残缺生活在这个世界上，但是，我们还是应该通过成长来让自己"变得更好"。关键在于如何实现呢？大家可以从以下几个方面入手。

≫ 走出原生家庭的限定，先要提升认知

相较于潜意识的修通，从认知层面对一个人进行改造和提升是最容易的，也最容易产生效果。很多人都有"知道道理但无法执行"的困扰，究其根本，是因为这个所谓的"知道"，其实是"知其然，不知其所以然"。

具体到本文中这个话题，我们可以从以下几个方面来修正自己的认知。

第一，能够识别不恰当的教育方式。

以这位男明星为例，他在接受采访时曾说"对男孩子就应该严厉一些"，这种说法本身就是一个观念僵化的错误认知。如果这位男明星想要修正行为，那么他首先就得修正自己的不合理认知。

在这句话中，这位男明星实际想表达的是：男孩子应该更勇敢、坚强，所以，有必要接受更多的挫折教育，以此培养这方面的能力。这是一个听上去有道理，却经不起任何推敲的说法。

关于"挫折教育是一个伪命题"的问题，前文中已有探讨，在此就不多做赘述，只做简单陈述。首先，孩子不需要父母人为制造挫折；其次，讽刺、苛责并不是挫折，而是羞辱；再次，家长不管想实现什么样的教育目标，都要靠结果来检验自己的方式是否恰当。科学的方法经得起实践的检验，但是控制、唠叨和严厉的惩罚等方法，已经被反复证明是无效且具有伤害性的。

所以，当家长把一个自认为天衣无缝的认知拿到手术台"解剖"之后，就会很容易发现在自己的教育理念中，有太多"自以为是"的错误认知。想更好地养育孩子，就需要不断地扩充自己的认知领域。

第二，深入自我认识，提升对自己"从哪里来"的认知。

经典的哲学三问，其中之一便是"我从哪里来"，这也正是探讨原生家庭的意义所在。当我们对自己的过往有更加清晰的认知，就会知道自己为什么会做出这样的行动，在发生这个行为的时候，自己的什么情绪被触碰到了，由此更加明晰：不是孩子做了什么触怒了自己，而是自己被孩子的某些行为触碰到了内心深处未曾

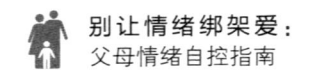

痊愈的"旧伤",这样,人际关系的边界就清晰了。

在这个过程中,最大的好处是我们开始真正"对自己负责"。换言之,当我们对自己了解得越清楚,就越知道很多事情不是别人的问题,而是自己的问题。当一个人能够真正地为自己负责,就意味着他的心智发展水平有了质的提升。

第三,提升关于"科学育儿"的认知。

育儿学本身是一门科学。没有人天生就具有当合格父母的能力,这个能力需要父母不断地学习,通过提升认知来实现。

比如关于儿童心理的认知,对于儿童发展规律的认知,对于沟通方式的认知,对于如何引领孩子情绪的认知,对于如何科学有效地为孩子树立规则的认知,对这些知识的掌握,都需要学习才能获得。

很多教育学者都曾经发出感慨:如果一个人养猪,可能他会买一本《养猪指南》进行学习,以提升效率,降低损失。但为什么在养育一个孩子时,很多人却不愿意学习,只是一味地按照自己陈旧错误的方式一条路走到黑呢?

›› 爱孩子,从接纳自己开始

很多家长说过类似的话:"我知道了,我以前对孩子不够接纳,以后我会更多地接纳孩子。"这句话有错吗?没错。问题在于,当一个人没有完成对自我的接纳,无法完成自己内心的和解,也就不太可能真正做到接纳孩子。因为爱孩子,要从接纳自己开始。

我们对孩子很多"错误"的做法,本质上都是源于对自我的

不接纳。当我们没有完成内心的成长，没有完成和自己内心的和解，就会将这些矛盾投射到孩子身上，将对自我的不接纳转化成对孩子的不接纳。所以，想要真正地爱孩子，首先要接纳自己。

问题在于何为接纳，怎么接纳？有人把"接纳"简单地理解为对自己的纵容，这是典型的以偏概全的观念，**真正意义上的接纳是和解**。比如我们当中绝大部分人都希望自己"变得更好"，但这句话的潜台词是：我现在不够好。

这是事实吗？是，但也不是。"是"是因为我们按照一些标准来看，的确不够好，我们有很多缺点，有很多让自己不满意的部分。"不是"是因为衡量一个人时，本身就没有"好坏"之分，这就像没有优点或者缺点，只有特点一样。

大多数人之所以痛苦，恰恰就来自于这个"好坏"的概念，这几乎是一种执念。但是当我们知道这个理念之后，就可以通过不断的自省和反思，不断地远离"好坏"这个概念。

著名心理学家曾奇峰曾经讲过这样一件事，一位来访者向曾奇峰咨询过几次之后，请曾奇峰为她打一个综合分。曾奇峰想了一下回答："100 分。"来访者很高兴，但又有些不好意思，她说："曾医生，如果下次你给我打 95 分，我会更高兴，因为那意味着你给我的打分是真实的，而不是为了哄我开心的。"曾奇峰回答说："我现在给你打 100 分也是真实的。因为你是一个活生生的人，作为人的整体性而言，你是最完美的，所以我给你打 100 分。假设你是一个残疾人，我出于功能性的考量，给你打了 80 分，那就说明我没有真正把你当成一个人，不是以一个造物者神奇的产物来看待，而是以功利的态度对待你。就像你的父母曾经对待你一样，他们在你的成长过程中不断地施加'有条件的爱'和功利性的爱，所以，你才会认为自己不能是 100 分，而必须要因为某些'缺点'而扣掉多少分。"

这就是"接纳"这个词的真谛，即把一个人当成一个真正人，不是以功利、好坏、优缺点等评判标准来衡量一个人的价值，而是把他作为一个全然的整体接纳。

"接纳"说起来很容易，做起来很难。但是，我们可以有这个觉知，从接纳自己开始，真正地爱我们的孩子。

≫ 养育孩子的过程，也是自我疗愈之旅

心理学教授李少成曾经说过，没有完美无缺的人，但是我们依然可以通过后天的成长来疗愈自己。养育孩子，就是最好的疗愈方式之一。

孩子具有天然的疗愈功能，在孩子身上，我们能看到久违了的纯真、善良和纯粹的爱。当成人高高在上，以"抚养者"自居的时候，实际上是被自恋蒙蔽了双眼。事实上，**不是说我们是孩子的老师，而是孩子是我们最好的"药"**。

在精神分析的"关系"论中，所有的"伤"都在"关系"中修复。当我们认真地投入到和孩子的关系中时，改变、成长以及自我疗愈就开始了。

孩子既是孩子，更是镜子。在孩子这里，我们可以看到我们的投射和缺失。在孩子给予我们最真切的爱和回馈中，我们可以

疗愈自己；通过成年人理性的自省，我们可以从孩子的眼中看到自己，与自己和解。

认真地养育一个孩子，也就是认真地投入一段关系，我们最终收获的，是人格的成长和心智的成熟。这些看不见又摸不着的东西，会让我们走得更远、更深，能够真正地感知生命的意义和美好，走出原生家庭的限定。

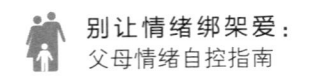

好的教育,"孩子"才是主体

≫ 以"孩子"为主体的教育,才能发挥孩子潜能

于丹曾经分享她培养女儿背诗词的经验。

> 很多人问我:"你教自己的孩子背诗词吗?"我说:"当然教,但是我不会让她背着手一本正经地背诵,而是在她玩滑板车时,我们一起大声地背诵,或者她在浴缸里扑扑着水花时,突然饶有兴致地提议:'妈妈,我们背首诗吧!'"

于丹认为,在孩子的教育问题上,成长比成才更重要。比起在专业上取得成就,她更希望女儿成为一个身心健康的孩子。

正因为如此,在女儿背诗词的时候,她从不限制女儿如何使用和想象诗词。女儿两岁多的时候,于丹出差回来,问女儿想不想妈妈,结果女儿竟然回答"路上行人欲断魂。"还有一次,女儿在大床上蹦来蹦去,爸爸说她:"你别蹦了,都把床垫蹦坏了",谁知女儿一边继续蹦一边高声说:"人生得意须尽欢",这让她的爸爸瞠目结舌。

第三章
父母的人格水平，决定了托举孩子的高度

与于丹的教育方式类似，女作家池莉曾经写过一本自传体小说《来吧，孩子》，里面详细地描述了她养育女儿的过程。书里有一段内容令我十几年后依然记忆犹新，那几乎是我关于家庭教育的启蒙。在书中，池莉这样描述道：

> 亦池才五岁多的时候，跟随我下厨房。那时候她正起劲地学习把鸡蛋磕破，并运用腕力用筷子在碗里打鸡蛋花。忽然她随口问我："妈妈，你刚才放进锅里的是什么？"
>
> 我说："是油和盐。"
>
> 她就说："啊，我知道了。妈妈，胡椒味精盐，酸甜苦辣咸，这就是押韵吧？"
>
> 我那份惊喜啊！我看着她，连声叫好。我说："当然，当然！这就是押韵！"
>
> 我立刻关掉炉火，放下锅铲，蹲下身来，把我的小姑娘拥在怀里。这是一个再恰当不过的好火候，我们就此自然地进入了学习诗歌的领地。我们母女面对面，坐在两只小板凳上，亦池的眼睛格外晶亮，这是因为自豪。我告诉她："押韵是中国古典诗歌的一大特点，押韵了就会朗朗上口，就像吟唱一样，比如'白日依山尽，黄河入海流'。"
>
> 我的小亦池，手里还玩弄着青菜叶子，就接着吟道："欲穷千里目，更上一层楼。"她还顽皮地以手遮檐，做

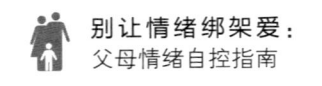

了一个动作，显然她是明白这句诗歌的意思了。

我马上进了一步，吟诵："昔人已乘黄鹤去。"

她接："此地空余黄鹤楼。"

我吟："黄鹤一去不复返。"

她道："白云千载空悠悠。"

之后她说："妈妈，后面的我说了算了，你好去做菜了。"她还是一边玩弄她的青菜叶子，一边行若无事地吟咏："晴川历历汉阳树，芳草萋萋鹦鹉洲，日暮乡关何处是，烟波江上使人愁。"咏罢还大叹一口气："唉！"她见我这般惊讶，便解释说："'唉'就是发愁呀。"

两位才女教育孩子的方式几乎如出一辙，我认为她们的教育理念是相通的，就是**在教育中以孩子为主体，顺应孩子的成长规律发展教育**，所以她们的教育方式是柔软、灵活、无痕的。而不懂教育的家长，在教育孩子的时候常常以自我为主体，教育方式僵硬、费力，效果还差强人意。

也许有人会说："她们那是女作家，我们可都是普通人。我们每天忙得像个陀螺，又要上班又要做家务，谁能做着饭把火关了陪着孩子念诗词？"

这话听上去似乎也有道理，但实则却经不起推敲。教育不会因为家长太忙就变得简单，恰恰相反，要想让教育变得简单，就还真的需要一些"做着饭把火关了陪孩子念诗词"的精神。

》 以"家长"为主体的教育，容易适得其反

我曾在网络上看到一个讨论度很高的问题：朝九晚五的上班族家长，如何在有限的时间内规划安排，教育好孩子（英语、运动、阅读、拼音、识字等）？

提出这个问题的家长，希望能在有限的时间内合理规划，让孩子在德、智、体、美、劳各方面全面发展。可以看得出，这是一个美好的愿景。但是，当家长带着这种刻意为之的心态时，其实可能就已经让教育的主体产生了偏差。

以孩子为主体的教养方式，家长不能行使父母特权，不能以简单的命令来管理孩子，而需要有加倍的爱心和耐心来陪伴孩子成长。就像池莉做的那样，当发现此刻是孩子最适合学习押韵知识的时候，就马上停下正在做的事情，顺着孩子的思路引领孩子，在不知不觉中完成对孩子诗歌素养的熏陶。

反之，如果在教育孩子的过程中以家长为主体，那么家长会更多地考虑自己的情况，以自己的实际情况出发来决定如何管理孩子。规定孩子什么时间练琴，什么时间写作业，背后都是以"不麻烦自己"为考量的，所以，这些父母希望孩子乖乖听话，按照自己设定的"程序"做好该做的事情。

当家长以自己为主体管理孩子的时候，包办溺爱、严苛管制这些不恰当的抚养方式就必然会出现，因为家长内心需要管理孩子，要求孩子按照自己的想法进行学习和生活。

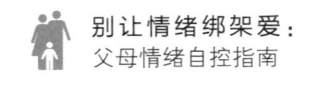

» 偷懒的家长，管理孩子如同修剪树木

教育孩子从来就不是一件轻松的事，教育孩子不仅消耗家长的体力，占用时间和精力，更主要的是还需要家长打破原来的自我，不断成长。

如果家长把目光都聚集在孩子身上，希望能像修剪树木一样，将孩子修剪成一个完美的"产品"，那么家长自己就不用忍受自我否定和成长的痛苦了，这正是很多家长的偷懒和自欺之举。

父母自身不愿意花费精力成长，无论怎么折腾孩子，都不可能养育出一个符合他们期待的孩子。

比如，一个4岁的小女孩用温水将乌龟烫死了，女孩的爸爸发现后勃然大怒，说孩子冷血无情，甚至还预测这孩子将来也不会是好人。但事实的真相是，女孩担心冬天水凉，会冻死小乌龟，她出于好心，才给小乌龟加了热水。

面对这样以自我为中心，喜欢给孩子贴标签的爸爸，女孩一定会经常感觉委屈和冤枉。在这样的环境下成长，孩子的心理大概率无法健康发展。

还有些家长在知道了延迟满足能力的重要性之后，就理所当然地认为：应该在下次孩子想要什么的时候首先予以拒绝，这样才能培养出孩子的延迟满足能力。但是家长却忽略了培养孩子延迟满足能力的关键，是允许孩子自主做出选择（在棉花糖实验中，孩子可以自主选择是立刻吃糖还者等工作人员回来后再吃糖），而不是由家长说了算，强行要求孩子必须延迟满足。很显然，这两种做法有着本质区别。更有甚者,有的家长可能还会因为孩子的哭闹,断定是自己平时溺爱孩子太多,所以认定下次"更不能满足孩子"。

以孩子为教育主体,家长需要不断地和自己的自以为是、评判思维、认知不够做"斗争",这条路既艰巨又漫长。归根到底,**在家庭教育中,父母的角色既不是检察官和修剪员,也不是贴身保姆**。父母应该懂得给孩子自由和尊严,懂得尊重孩子是独立的个体,有自己的发展规律和个性特质。

最后分享一首纪伯伦的诗《你的孩子,其实不是你的孩子》,养育孩子正如同这首诗一样,需要用心体会。

你的孩子,其实不是你的孩子,

他们是生命对于自身渴望而诞生的孩子。

他们通过你来到这世界,

却非因你而来,

他们在你身边,却并不属于你。

你可以给予他们的是你的爱,

却不是你的想法,

因为他们自己有自己的思想。

你可以庇护的是他们的身体,

却不是他们的灵魂,

因为他们的灵魂属于明天,

属于你做梦也无法达到的明天。

你可以拼尽全力,变得像他们一样,

却不要让他们变得和你一样，
因为生命不会后退，也不在过去停留。
你是弓，儿女是从你那里射出的箭。
弓箭手望着未来之路上的箭靶，
他用尽力气将你拉开，
使他的箭射得又快又远。
怀着快乐的心情，
在弓箭手的手里弯曲吧，
因为他爱一路飞翔的箭，
也爱无比稳定的弓。

第四章

父母婚恋关系中的言传身教，胜过道理万千

> 过度付出的根源往往不是因为爱，而是内在缺乏爱。

第四章
父母婚恋关系中的言传身教，胜过道理万千

家庭中的常见模式：暴君爸爸+逃跑妈妈

在中国家庭中，有一种比较常见的现象：爸爸比较严厉，控制欲强，妈妈性格温和，甚至有些懦弱。这种组合构建的家庭环境，也是一种常见地对孩子产生伤害的家庭模式。

几天前，葛女士跟丈夫大吵了一架，并从家里搬了出来。对于这次吵架的原因，葛女士表示是因为她无法忍受丈夫教育女儿的方式：女儿只是一个小学三年级的学生，但她在生活中只要犯了一点点错误，爸爸就会暴跳如雷，甚至近乎疯狂地向女儿咆哮。

葛女士的丈夫并不是没有了解过正确的教育理念，但是由于他自己有较明显的偏执、苛责和高评判的人格特征，导致他过分追求完美，也不允许任何人犯错，包括上小学三年级的女儿。只要他给女儿讲过的题，就不允许女儿再做错，否则就会暴跳如雷。

在家里，葛女士和丈夫分别辅导女儿的语文和数学，但是因为丈夫经常霸占女儿全部的课余时间用于辅导数学，以至于葛女士几乎没时间为女儿辅导语文。不过女儿的考试成绩却让人很意外：语文成绩全班第一，而数学却考得一塌糊涂。

葛女士告诉我，女儿其实非常优秀。在丈夫的要求下，作为一名小学三年级的学生，女儿和小学五年级的学生一起学习新概念英语，还依然能保持优秀的成绩。虽然女儿的学习成绩经常考全班第一，但她却极度不自信。当老师宣布她考了第一名时，她不相信这样的成绩会降临在自己这个"失败者"身上。但是如果别人说她有不好之处，她反而表现得非常认同。

有一次，因为女儿做错了一道题，葛女士的丈夫训斥女儿一直到半夜11点，女儿已经困得睁不开眼了，还被爸爸要求再继续做练习。葛女士为此和丈夫发生争论，导致丈夫火冒三丈，让她滚远点，并把房门锁上，不允许葛女士进去"干扰"他管教女儿。然而女儿的表现却超乎寻常的柔顺，她对葛女士说："妈妈你出去吧，爸爸说做多少就做多少，说做到几点就做到几点。"

女儿学习成绩优异，却经常郁郁寡欢。当女儿的数学没有考好时，会极度自责，骂自己为什么要犯错。葛女士说，女儿平时在爸爸面前表现得极其温顺，但在妈妈面前却常常做很多"疯狂"的事。

面对丈夫对孩子的训斥，葛女士无可奈何，只好用其他事情来转移自己的注意力，比如心情不好就出去吃饭、看电影、找人聊天，或者离家出走。这次葛女士离家出走时，问女儿是否愿意和她一起，女儿再三考虑，最终还是选择了放弃。

在葛女士的记忆里,女儿只反抗过爸爸一次。有一次,爸爸在教训女儿时,女儿忽然情绪崩溃,喊道:"我永远也做不到你满意,不管怎么做你都不满意,我不知道怎么做才能让你满意!"虽然当时葛女士的丈夫面对女儿的反应也有些震惊,但是没过几天,他对女儿的管教方式就又恢复了原状。

≫ "严苛和逃避"都会给孩子带来伤害

在这个家庭里,葛女士的丈夫有明显的人格问题。他的偏执、苛求完美、固执、控制倾向等都很典型。这种人格问题在没有得到修复之前,他就会用现在的教育方式带给孩子严重的心理创伤。毫无疑问,暴君式的父亲会带给孩子极大的压抑和痛苦,使孩子的心灵扭曲,不能健康地成长。

葛女士女儿的表现,也已经反映出这种伤害性教育的后果。她虽然成绩优秀,但是在人格上已经开始显现出问题:自卑、压抑,并且内化了父亲的高标准和严要求。这是非常可怕的信号,几乎可以预见:内化了父母严苛标准的孩子,将来会像父母一样,用锋利的"小刀"雕刻自己,成为一个心灵上伤痕累累的人。

葛女士呢?同样问题重重。她虽然倾诉了很多,但是她关注的重点更多的是放在对丈夫的抱怨上,放在丈夫对葛女士自信心的打击上,对于丈夫对孩子的伤害,她却显得认识不足。之所以

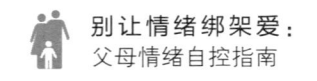

会这样，是因为葛女士自己在成长过程中感受到的伤害性体验较少，所以她无法真正共情孩子，无法理解孩子的感受。

在我和葛女士的交谈中，我提到尹建莉老师讲过的一个女孩尿床的故事。故事中的女孩，因为5岁时的一次偶然尿床，遭到了父母的羞辱和暴力，从此留下了阴影。在女孩成长的过程中，尿床和来自父母的羞辱始终伴随左右，最终她的心理遭到了不可逆转的重创。女孩长大后患上严重的抑郁症，她的父母却一直不知道是自己的言行伤害了孩子。

葛女士听完这个故事后回答道："这个女孩的反应是不是有点太激烈了？就因为她父母说了她一句，就会有那么大的伤害吗？"

这就是为什么我说葛女士对她丈夫给孩子带来心理伤害的严重性，并不真正理解的原因。虽然有时候葛女士也会因为丈夫简单粗暴的教育方式和他争论，但是她却永远不会像一头母狮子一样冲在孩子前面保护孩子。她的"弱"，自然也被孩子清晰地感知。所以这次葛女士离家出走时，女儿考虑再三，还是放弃了和她一起走，因为女儿并不相信这样"弱"的妈妈能够保护好自己。

葛女士在丈夫训斥孩子时，为了转移自己的注意力，便出去吃饭、看电影、找人聊天，或者离家出走，这些五花八门的应对方式，虽然形式不同，**但内核都是面对困难时的无力逃避**。作为一个无法对女儿产生共情，在遇到困难时又总选择逃避的母亲，必然会表现出对孩子的"漠视"。这对于女儿来说，无疑是雪上加霜的二次伤害。

试想一个暴君式的爸爸加一个软弱逃跑的妈妈，会带给孩子

第四章
父母婚恋关系中的言传身教，胜过道理万千

什么样的感受呢？孩子的安全感从哪儿获取，自信心又该如何树立呢？

所以，我很严肃地对葛女士说："我不是在吓唬你，也不是在危言耸听，你们的这种教育方式可能会害了孩子。"然而葛女士却依然强调："那怎么办呢？我除了逃跑，好像也没有更好的办法。我的丈夫实在太疯狂，控制欲太强了，我根本管不了他。"

≫ 提升思维和认知，才有真正的改变

一个人的改变，往往伴随着他的认知发生了彻底的改变。 如果认知层面不进行彻底的修正，就很难在行动上做出实质性的改变。葛女士和她的丈夫也是如此，如果他们从认知层面不发生根本性的转变，就不会改变对女儿的教育方式。

从本质上说，葛女士和她的丈夫并无本质区别。葛女士的丈夫不能面对的是自己的"错"，他永远不肯认错，不承认自己有任何不足；而葛女士不能面对的，则是痛苦的感受。对于当下的困难和痛苦，葛女士想的不是怎么解决困难和缓解痛苦，而是选择逃跑和隔离。

严厉和苛责的教育方式带给孩子的伤害是巨大的，影响是终生的，这不是在贩卖焦虑，制造恐怖。现实中有很多类似葛女士这样的人，对这种教育方式带来的伤害认知度不够；也有很多类似葛女士丈夫这样的人，固执地坚持自己的严苛，所以才"制造"出很多有问题的孩子。

父母和孩子互为镜像，父母可以从孩子身上看到自己的很多

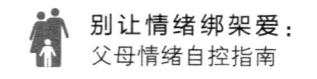

不足，不管是人格成长方面的，还是教育水平方面的，所以一个**成长型父母是能够并且愿意和孩子共同成长的**。如果父母通过反思，真正意识到自己在养育孩子的过程中其实有很多自我投射的部分，就会转而寻找更恰当的抚养方式。反之，如果父母不愿意承认自己的不足，回避人格的成长，就可能会对孩子继续造成伤害。

孩子的成长机会只有一次，伤害一旦形成，恶果一旦酿成，**就难以逆转了**。而这个世界上，从来不卖后悔药。

严苛或缺位的爸爸，会给孩子造成怎样的影响

盈盈早上和爸爸一起吃早餐时，因为奶奶做的饭菜不合口味，盈盈的肠胃又一向虚弱，所以对早餐没有胃口。她刚放下碗筷，爸爸就勃然大怒，说："天天吃饭都剩饭，就是不珍惜粮食，不知道粒粒皆辛苦。平时说想吃这个那个，做了你又不吃，只是浪费，你给我吃掉，不准剩饭！"盈盈在爸爸的骂声中，流着眼泪，艰难地一口一口将饭菜咀嚼吞咽。在上学的路上，盈盈也一直在默默地流眼泪。

≫ 父亲的角色至关重要

著名心理学家麦克·闵尼的调查显示：父亲每天陪伴孩子的时间大于 2 小时的，比起一周内父亲陪伴孩子不到 6 小时的智商更高，人际关系更为融洽，从事活动的风格更加开放，也更具进取精神。

但是，在中国的很多家庭中，爸爸通常都充当的是一个苛刻的"权威"角色，管理孩子时严肃又强势，和孩子互动中很难出现温情的画面。

在家庭中，爸爸的角色代表着力量、规则、权威、秩序等，所以，人们常用"顶梁柱"或者"大山"来形容父亲，这种形容也代表了我们对"父亲"这个角色的期待。从某种角度来说，**母婴关系**更多的是**影响孩子的依恋关系和安全感**，而**父亲在家庭中的影响**，主要体现在**孩子的社会化和人格发展、人际关系、心理健康、性别角色、道德水平等方面**。

在生理层面，爸爸的力气比妈妈更大，能承担更繁重的家务劳动，这是原始力量的象征。现代社会，对爸爸的人格和心理层面力量的需求则更为明显。

一个强大的、有力量的爸爸，能给孩子建立较好的规则意识，这样的孩子在社会上与人的相处时，更能够遵守社会规则。但是不少严苛爸爸在为孩子建立规则的时候，却常常使用简单粗暴的方式对孩子进行控制或者命令，这就不是在建立规则，而是在制造问题。

这样的爸爸，一般会强迫孩子遵守他认为正确的规则，这些规则往往是由他自己单方面建立的，在建立的过程中也未和孩子进行充分的协商，更谈不上充分尊重孩子的自主意愿。从本质上说，这不是在建立规则，而是单方面对孩子的行为进行控制和约束，这样做不但无法建立有效的规则，反而容易使孩子产生压抑与逆反的情绪。

案例中爸爸的做法就是如此。他不考虑孩子食欲不好，奶奶做的饭不可口等现实因素，一味地强调孩子必须吃完所有的饭，并且在这个过程中，还对孩子扣上"不珍惜粮食"的大帽子。爸爸的做法，貌似是在为孩子树立规则，实则在用自己的权威身份对孩子施加粗暴的控制。如果孩子长期处于这样的家庭氛围中，他的人格和心理自然会受到不良的影响。

在教育孩子的过程中，真正的力量是父母温和而坚定的态度，而真正的规则是在充分民主协商之后的自觉自愿。

心理学家孟育群曾在"关于亲子关系对少年问题行为及人格特征影响的研究"中提出，父母教育不一致型、父亲干涉型和母亲消极拒绝型对少年人格影响最大。父亲干涉型管教下的子女，一般都会出现身心发育迟缓、情绪不稳定、忍耐力差、爱推卸责任等特点，而且依赖性强，缺乏远大目标和创造性。而父亲的溺爱则容易使儿童人格发展受阻，影响情绪发展，导致情绪不稳定，缺乏独立性和创造性。研究中还发现，亲子关系对青少年人格影响的因素，绝大部分都涉及父亲的教养态度类型。

≫ 严苛父亲对女儿的影响

一般来说，爸爸对男孩和女孩的影响还是有一些区别的。对于男孩而言，爸爸的榜样和示范作用更为凸显；对于女孩来说，则更容易影响其将来的婚恋关系。本文案例中的主人公是女孩，所以我们重点谈一下父亲对女儿的影响。

爸爸是女儿生命中出现的第一位男性，也是女儿的第一个异性榜样。爸爸在女儿的自尊感、身份感及个性形成过程中，扮演着重要角色。成年后，爸爸的形象成为女儿择偶的标准，影响女儿与异性的交往及婚恋。

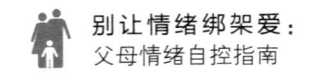

融洽和谐的父女关系，会收获自尊、自爱、积极、阳光的女孩，反之，则会收获自卑、敏感、逆反的女孩。可以这样说：女孩性格形成时期，需要成年男性的陪伴和指导，这可以使她们进入青春期时能够对男性做出恰当的反应。

案例中的女孩在被爸爸勒令吃饭时，她只敢哭，不敢说话。孩子的这些行为表现，和爸爸的严苛不无关系。从父女关系的角度来说，严苛的爸爸对女儿的伤害性极大。

第一，容易造成女孩不自信的心理。

女孩生性敏感，非常在意来自父亲的赞赏。过分苛刻的爸爸极为吝啬对女儿的赞赏，这会让女儿很难感受到来自父亲的爱。在这样的心理影响下，孩子会变得敏感自卑，甚至对生活丧失兴趣。

第二，影响女儿性别的自我认同。

性别认知是指孩子形成与自己的生理性别相同的社会价值期望的性别认识和性别行为的过程。对于女孩来说，父亲身上的男性品质，使她在今后的生活中有了参照。青春期的女孩往往会在潜意识中将父亲看作异性伴侣，甚至是未来丈夫的模式。

如果父亲欣赏女儿的女性气质，经常对女儿表示适当的赞美和回应，会使女儿对自己的女性气质非常认同，这会直接影响女孩长大后的气质取向。反之，如果父亲过分严苛，甚至对女儿的女性气质表现出嫌弃、鄙视，则会极大地影响女孩成人后的性别自我认同。

第三，直接影响女儿将来的婚恋关系。

几乎所有人的婚恋关系都或多或少会受到原生家庭的影响，

得到父亲更多爱的女孩,可能会下意识地寻找像父亲一样"完美"的男性,而缺少父爱的女孩,则会倾向于在将来的婚恋关系中寻找"缺失的父爱"。

当今社会,有很多年轻女孩喜欢年纪偏大的男性,其实很大程度上就是一种心理退行的表现,在早年的关系中没有得到很好的父爱滋养的女孩,可能会用一生的时间来寻找缺失的父爱。这种"缺失的父爱",有时候并不意味着一定没有爱,而是很难感受到爱的温度。

另外,过分严苛的爸爸还常常和逆反的女儿紧密相连。女孩小时候受到的压抑和屈辱越多,长大后就越容易逆反,尤其是在心理动荡的青春期,会直接诱发早恋等不成熟的行为,这同样是女孩缺少爸爸肯定的表现形式。

第四,容易塑造"完美主义"女孩。

完美主义人格特质的形成,往往和家长的过分严苛有关。所谓"完美主义",本质上是一种"不满足"的状态,即无论怎么做都不能令自己满意,同样,别人怎么做自己也很难满意。可以说,这些女孩的挑剔完全是严苛父母的翻版。

如果女孩一辈子都在追求一种"被认可"的感觉,那么在她们的潜意识中,就可能隐藏着大量的委屈和痛苦,她们可能一生都会寻求来自严苛父母的认可。

在一个家庭中,如果爸爸是一个强势、控制欲极强的人,那么妈妈的意义就显得更为重要。作为母亲,应该提升内心力量,敢于和爸爸错误的教养方式做深入而持久的沟通,温和而坚定地

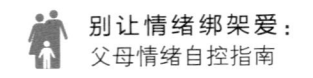

传达科学的育儿方法。所以，对于妈妈来说，一定要注重个人的成长，这样在孩子遭遇一个严苛的爸爸时，还能有高质量的母爱作为"中和"。

原生家庭对一个人的人格塑造影响深远，爸爸是家庭教育中不可缺少的一环。优质的父爱是孩子个性品质形成的重要源泉，如果父亲具有独立、自信、勇于克服困难、积极进取、开放宽容等方面的特质，就会在孩子的教育中通过言传身教的方式流露出来，继而被孩子效仿。

第四章
父母婚恋关系中的言传身教，胜过道理万千

离婚不是解决问题的法宝，成长才是

何女士与丈夫曾经维持了一段长达 5 年的异地恋，直到两人准备结婚时，何女士才发现丈夫对于他的家庭状况做了太多的隐瞒：丈夫没有房子，也没有钱，反而还欠了大额的债务。何女士的父母并不看好二人的婚姻，但是何女士的丈夫以死相逼，并给了何女士深情的承诺，保证以后会跟何女士一起好好打拼，让何女士过上幸福的生活。于是，何女士违背了父母的意愿，义无反顾地奔赴丈夫所在的城市，与之举行了婚礼。

婚后，何女士尽心地照顾公婆，操持家务，但在她怀孕 2 个月时发现丈夫出轨，还发现丈夫与其他女性暧昧不断，但是丈夫每一次都抵死不认。面对何女士摆出的确凿证据，丈夫对何女士发誓，甚至写下保证书并按下手印，保证下次再也不犯这种错误。然而，在取得何女士的谅解之后，丈夫并没有任何实质性的改变，依然跟其他女性保持着不正当的关系。在丈夫不断出轨中，何女士一直维持着这段婚姻，并生下了两个孩子。

后来，丈夫直接对何女士说："外面的女人能理解我，使我开心，而你只会让我生气。"何女士打电话给"小三"要个说法，谁知对方却在电话那头歇斯底里地告诉她："别做梦了，你丈夫一辈子也不可能爱你。"何女士气得手心发凉，让丈夫在电话里当场表态，丈夫只是支支吾吾地不说话，随后将电话挂断。之后，"小三"又打电话进来，一连打了四次后，丈夫被迫接了电话。在电话里，"小三"问何女士的丈夫："你到底怎么想的？"丈夫依旧支支吾吾，直到何女士气不过，掐了他大腿一把，他才勉强说出一句："我要带两个孩子。"

何女士对丈夫说："你们两个想在一起可以，帮我把我的工作调回老家，然后我带小孩回去和我父母过。"丈夫回答说："凭什么？"

何女士的父母了解事情经过后，只是劝说何女士继续忍耐，因为离婚之后很容易招人闲话。为了孩子和父母，何女士仍然坚守在这个婚姻中。丈夫虽然嘴上说要痛改前非，但实际上还是保持着一贯的作风，除了上班就是在外面应酬，对家里的事不闻不问。何女士发现丈夫和"小三"在一起打球，丈夫却堂而皇之地狡辩："大家都是同事关系，打球怎么了？"

何女士说："我舍弃父母远嫁，嫁给了你这个穷光蛋，连现在住的房子都是我父母给买的，孩子也是我的妈妈帮着带大的。除了上班，我几乎没有社交，一心扑在家庭中，换来的却是丈夫的不断出轨。如果我现在离婚,很难解决工作问题,更舍不得孩子,同时也怕父母担心。我现在也没有那么多的兴致专注于工作,最近孩子的成绩下滑了,我正在考虑换一份轻松的工作,这样就能把精力更多地放在两个孩子身上。"

相较于何女士的痛不欲生,何女士的丈夫倒是春风得意,不断升职,"桃花"更旺。更可悲的是,虽然孩子都由何女士一手带大,而何女士的丈夫要么不管孩子,要么对孩子严厉苛刻,但孩子却总在妈妈和爸爸发生争执时站在爸爸一边,并且孩子对待妈妈的态度与爸爸如出一辙。

过度付出的何女士,口口声声说为了孩子不能离婚,却培养了一大一小两个"白眼狼"。这是谁之过?

生活中的悲剧总是相似的,像何女士这样的女性其实不在少数。接下来的内容,我想针对何女士或与何女士类似的女性展开聊聊。

≫ "守住边界"才能减少被别人入侵

国家之间有国界,国界线上有荷枪实弹的重兵把守,其重要性可见一斑。人际关系也有边界,边界的意义和国界一样,是一个人的尊严和底线,不容侵犯。遗憾的是,很多人边界缺失,甚至不知道边界为何物。尤其是在亲密关系中,太多的"事故",都是因为边界的缺失。

心理边界也被称作"个人边界",是指个人所创造的边界。通过这个边界,我们可以知道什么是合理、安全和被允许的行为,以及当别人越界的时候,自己该如何应对。可以简单地说,心理边界就好像围绕人的自我画的一个圈。没有边界的人,遭遇他人的"侵略",几乎是必然的命运。

很多人都说要守住自己的心理边界,但结果却背道而驰,产生这种现象的根本原因在于人格缺陷。**只有拥有独立和完整的人格,才有能力守住自己的边界**。所以,守住边界不是愿景,而是能力。

何女士说丈夫认错了,还写了保证书,按了手印,但是我们看一个人,需要从行为看到本质。手印和保证书的用途是什么?是一个人的真诚悔意,还是他寻求原谅的手段和工具?也许,用结果和事实说话,才是最好的答案。

丈夫从一开始痛哭流涕地忏悔,到后来大言不惭地说"凭什么",是因为何女士的软弱和忍让。当一个人一而再、再而三地丧失边界,最终的结果就是让对方从最初的踌躇试探到后来的长驱直入。

提出问题往往很简单,但是解决问题才是关键。什么样的人,才会屡屡失去边界呢?答案是:**没有自我的人**。

》 在各种角色之前,首先要"做自己"

一个社会人可能有很多种角色,例如,何女士可以是女儿、母亲、妻子、员工等,但是她首先是一个人。"一个人"的意思,就是她是一个独立、自主、有选择权的人。

何女士告诉我,她之所以不离婚,就是因为孩子和父母。如果她自己孤身一人,那么哪怕不能把工作调回老家,她自己去别的城市打工,重新开始,也愿意离婚。但是何女士除了是女儿、母亲,她首先是她自己。

曾经有一位女士义正词严地对我说:"天天讲爱自己,如果每个人都只爱自己,那不就是自私吗?那社会还怎么发展,人际关系还怎么融洽?"我想这位女士搞错了一个概念:什么叫"爱自己"?她理解的爱自己是自私,只考虑自己的利益,不关心别人的感受。而我说的**爱自己,指的是尊重自己真实的感受,接纳自己真实的情绪,表达自己真实的需求。**

只有面对真实的自己,才有资格谈论什么叫爱自己。压抑自己的真实需求,隔离自己的真实感受,去做一个所谓的"爱别人"的人,给出的也并不是真正的爱和丰盈的爱,而是讨好、交换或义务。

爱别人的前提必须是先爱自己,当自己的内心足够充盈和丰足,才有多余的爱流向别人。从这个角度说,很多人的自我牺牲,表面上看是爱别人,其本质上是**以爱为名的自我满足,满足自己的情感依恋、价值感和掌控感等,这并不是真正的爱。**

真正的爱,必须建立在尊重的基础上。尊重别人的前提,是自我尊重。真实的自我,在于清晰自己的人际边界,清楚自己的人生追求,简单地说就是有独立而自由的自我意志。从这个角度说,一个丧失自我的妈妈,很难养育出一个独立、自由的孩子。

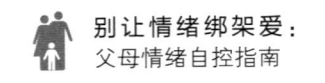

何女士说为了孩子不离婚，实际上只是满足了自己"离不开"孩子、恐惧离婚后的未知生活的心理需求。所以，戳破幻象吧，孩子只是为自己的软弱找的挡箭牌而已。婚姻破裂会带给孩子一定的影响，但是，这个影响到底有多大，更多地取决于父母在婚姻破裂之后的表现。

尊重自己内心意愿的父母，可能会选择结束不适合自己的婚姻关系，但是他们不会一并解除是孩子父母的关系。恰恰相反，他们会给孩子做出示范：每个人都有选择自己生活的权利，父母婚姻解体并不会损害孩子的安全感，因为父母永远会爱自己的孩子，这份爱不会因为任何形式的改变而有所改变。当孩子接收到这种强有力的信号，就不会因为父母婚姻破裂而丧失安全感，同时也会从父母的示范榜样中学会尊重自己和他人的选择。

有的父母以"为了孩子"为名，掩饰自己内心的脆弱，勉力维持着婚姻的外壳，但两人早已貌合神离。这样的家庭中没有爱，没有亲人之间的关怀和温暖。在这种环境下长大的孩子，即使拥有完整家庭的外壳，也依然能感受到巨大的不安全感，他体会到的是人间的冷漠，是情感的疏离，这对他长大后的婚恋关系影响深远。

≫ 永远不要放弃独立自主的"选择权"

人生的可贵之处在于，无论到了何种境遇，都始终拥有独立、**自由的选择权**。如果一个人因为犯罪被送进监狱，他就丧失了一个人最基本的权利：自由权。可以说，自由是每个人最宝贵也是最基本的需求。如果一个人没有犯罪，却将自己这项最基本的人权拱手送人，则是非常可悲的。

所以，无论外界环境多么糟糕，每个人都有遵从自己内心意愿的选择权，这是自己的权利，任何人没有资格，也没有能力剥夺，除非这个人自己放弃。

比如何女士，可以选择在丈夫出轨的时候一再忍让，也可以选择坚持自己的原则毫不退让；可以选择忍气吞声一辈子，也可以选择放弃沉没成本，不计较自己曾经的得失，重新开始生活；可以选择当一个怨妇，也可以选择做一个智慧清明的女人；可以选择一个人生活，也可以选择新的伴侣携手余生；可以选择改变自己的现状，也可以选择一辈子原地不动；可以选择生活在回忆之中不能自拔，也可以选择关注脚下的每一步。

一个人永远拥有自由的选择权，所谓自由就是选择心甘情愿，自己愿意且能为之负责。

≫ 放下执念，人生唯有变化才是永恒

人生是一个变化的过程，就像医院里的心电图一样，起起伏伏。人生的真相之一就是时刻处于变化之中。

无论过去再怎么美好、甜蜜，它都过去了。无论过去多么的苦难、艰辛，它也已经过去了。过去的，就是历史，无论再怎么鲜活都过去了，都不能回头。而人的痛苦，常常在于不能活在当下。

比如很多人对婚姻的执念在于：他曾经那么爱我，现在怎

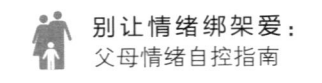

会这样无情地对我？事实上，爱只是代表了在当时那一刻的感受，即使感受是真实的，也不代表它不会变，更何况感受还不一定是真实的。

比如何女士当初在结婚前曾拒绝这段婚姻，却被对方以死相逼。丈夫的行为是爱吗？是表示离不开她吗？是代表他宁愿放弃生命，也要和她在一起的意愿吗？事实证明并非如此。真正的爱具有"利他性"，否则就只是荷尔蒙的分泌和占有对方的欲望。以死相逼并不是真爱，而是占有欲得不到满足的威胁和恐吓。

我们为什么看不透它的本质呢？是因为自己内心的匮乏，误把讹诈当成了真爱。退一步说，即使当时两人之间真的有赤诚之爱，也不代表这份爱是不会变化的。

物是人非，境随心转，唯有变化才是永恒的。 如果能接受这一点，那么对于"变化"的恐惧和不适就会减少很多，对曾经的执念也会放下很多。

≫ 不要高估人性，只需做好自己

人生的另一个执念是：我为你做了那么多，你应该对我好。"应该"思维，是让很多人痛苦的认知谬误。所谓"应该"，其实是一种妄念，试图控制非自己所能控制的东西，并因无法控制而产生痛苦。

如果一个人总觉得有些事情是"应该"的，那就说明他放弃了独立，将自己的希望、喜乐等交付给他人，丧失了自己对于人生的掌控权。

试想一下，如果对方按照你的"应该"做了，那你就高兴欢愉；如果对方没有按照你的"应该"去做，那么你就痛苦失望。这岂不是意味着你自己的喜乐悲欢，都不由自己掌控，而是系在别人身上吗？

也许有人会说，他不是别人，他是我的丈夫，我的亲人啊！出现这种想法，还是因为缺少心理边界。每个人首先要是他自己，这一点并不因为亲密关系而有所改变。所以，一个人只能掌控自己的那部分，至于那些无意义的追问、辗转难眠的悲愤、声嘶力竭的挣扎等，本质上都来自对自己无法掌控的痛苦。

≫ 放弃过度付出，坚持自我成长

过度付出的根源往往不是因为爱，而是内在缺乏爱。所有的过度付出几乎都会要求回报，并可能会因无法获得令自己满意的回报而痛苦。

何女士说："我一直纠结要不要离婚，不知道该怎么办，以至于工作也提不起兴致，只想逃避。看到孩子的成绩下滑，我还想换一份轻松的工作，这样就能把精力更多地放在两个孩子身上。"

何女士在婚姻中付出了自己的所有，却没有得到相应的回报。丈夫出轨，孩子对她也不够尊重，同时何女士在工作上也止步不前。而她的丈夫却升职加薪，春风得意，内有老婆持家，外有情人欢愉。

如果何女士不把时间用于自我成长，就依然没有良好的经济基础，在人际关系中依然没有边界，在亲密关系中依然过度付出，

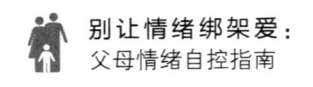

那么何女士恐怕会一直做一个懦弱、抱怨、纠结的女人。

好的婚姻应该是势均力敌的，这种势均力敌不仅是经济上的独立，更是人格的独立。如果能活成光芒万丈的自己，离不离婚，孩子跟谁，所有困扰的问题便都不是问题。一个人成为一个独立自主的人，并有清晰的人际边界，有温和坚定的内心，有赚钱养家的本事，那么像案例中这些问题也就自然随风消散。

优质的单亲家庭，胜过低质的双亲组合

下面是一封单亲妈妈的来信。

> 我是一位单亲妈妈，在儿子3岁时，因为前夫出轨而选择了离婚。前夫离婚前后，都对家庭不管不顾，做了很多伤害我和孩子的事情。前夫以及他的家人毫不顾忌，当着孩子面辱骂我，甚至对我动手，给孩子留下很大的心理伤害，导致孩子一直没有安全感。离婚的时候，前夫没有留下什么财产给我和孩子，我得到了孩子的抚养权，用一年时间让生活回到正轨。离婚之后，我用心陪伴孩子，带着孩子逐渐走出了阴影，现在孩子有了很明显的积极变化。而前夫长期缺位孩子的成长，离婚后也没有做到对孩子的关心与陪伴，并且不愿意给抚养费。所以，我希望你可以写一篇单亲家庭，尤其是单亲妈妈如何引领和教育孩子的文章。

≫ 不被标签限定自己的人生

我不喜欢"贴标签"，因为"贴标签"本身是一种无形的暗示。我们想要打破人生的桎梏，其中重要的一点，就是去除那些加诸我们身上的暗示（束缚）。为了方便理解，我们可以将"离异并独自抚养孩子的女性"称为"单亲妈妈"，但是不应该被标签限定，相比较强调"单亲"这个词，我们更应该记住自己"妈妈"的身份。

某明星的女儿是比较严重的唇腭裂患者，但是其女儿的性格却非常阳光，丝毫没有因为自己的生理缺陷而有一丝一毫的自卑。有人说这是因为这位明星给女儿提供了优越的生活条件，我认为这种说法太过片面，优越的生活条件和阳光开朗的性格之间，并没有必然的关联。

在一次采访中，记者问这位明星，是否会介意女儿的兔唇，这位明星回答说："我觉得我的孩子完全是正常人，而且非常漂亮。"

这位明星当时的表情非常自然，既没有因为记者提及女儿的"缺陷"而恼羞成怒，面露不悦，也没有刻意地夸大，她只是很自然地说这是一件她认为最正常不过的事。也许正是因为在这位明星的家庭里，从来没有刻意强调女儿的唇腭裂，所以女儿才能完全不把自己的"缺陷"当成是一个问题。

问题从来不是问题，只有把它当成是问题，它才成为问题，这就是暗示的力量。对孩子来说，父母就是他心目中最重要的权威，父母看待孩子的眼光，也就是父母的暗示与期待，决定了孩子未来的走向。一个妈妈不随意地往自己身上贴标签，尤其是不贴容易引发歧义的标签，她的这种态度也会传达到孩子那里，孩子自然也不会因为自己生活在离异家庭而敏感自卑，因为一个优质的单亲家庭，要远远胜过低质的双亲组合。

父母为孩子提供的成长环境，的确有"高低好坏"之分，但评判的最重要标准则是父母对孩子的陪伴质量。这个标准与金钱物质无关，与家庭是否完整无关，只与父母是否用心，能否给孩子恰当的抚养方式有关。

≫ 远离"共生关系"

社会上有一些对单亲家庭不友好的声音，其中指向最多的，就是单亲家庭容易滋生"共生关系"。其实这并不是单亲家庭的顽疾，而是整个家庭教育的顽疾。不过，在大部分单亲家庭中，因为爸爸角色的缺位，使得母子之间产生共生关系的现象变得更突出了一些。

共生关系的本质，是一种互相"剥削"的关系。一方面，父母不愿意给予孩子人格上的独立，用亲子关系剥削孩子的心理发展空间；另一方面，孩子也会剥削父母，成为依赖父母的寄生虫。长此以往，这种共生关系会缺少人际关系的边界感，对孩子的成长也很不利。

实际上，一个孩子从出生时剪断脐带的那一刻，就已经独立、完整地拥有了自己的身体，这意味着在未来的岁月里，他身体的全部感受、运动器官的生长与老化，都只是他自己一个人的事，与他人无关。一个人格独立且有恰当边界意识的母亲，能够意识到孩子和自己完全是两个人的事实。

妈妈虽然不能感知孩子的身体变化，但是因为和孩子之间有天然的情感联结，使得妈妈"放手"非常困难。在生活中，妈

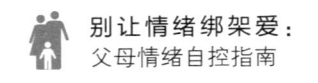

妈对孩子的包办替代和控制无处不在,当妈妈对孩子赋予太多"附加的母爱",会令孩子感到窒息,并在人格层面的发展上止步不前。

从某种意义上说,孩子的成长过程,就是在精神上远离母体的过程。对于单亲家庭来说,尤其对单亲妈妈来说,如果妈妈的自身人格不健全,更容易将自己全部的精力、期待,包括自己的焦虑、强迫等缺陷全部投射到孩子身上,就会在亲子关系中充斥大量的担心、指责、怀疑和失望。孩子为了维持和妈妈之间的情感联结,为了避免分离和被抛弃的感觉,也会不由自主地按照母亲的"期待"将自己活成无能的样子。

» 不必有过度亏欠的心理

在大部分单亲家庭中,父亲的缺位也容易让母亲对孩子产生一种亏欠的心理,进而对孩子进行过度的补偿。这同样是单亲妈妈特别需要注意的问题。

在潜意识里,将自己置身于婚姻关系的弱者或受害者地位的妈妈,最容易对孩子有补偿和亏欠心理。妈妈认为自己是可怜的,同时又因为在潜意识里把孩子当成是自己的一部分,所以她认为孩子也是可怜的。

也许很多单亲妈妈并没有觉察到自己有这种心理,只是单纯地觉得孩子失去了父亲很可怜。没错,父亲的缺位对于孩子来说的确是一种损失,但如果有良好的母子关系,孩子依然可以健康地成长。单亲妈妈之所以觉得亏欠孩子,过度地觉得孩子可怜,实际上还是把自己人格中的"内在小孩"投射到孩子身上。单亲妈妈与其说是在可怜孩子，不如说是可怜自己心中的"内在小孩"。

如果妈妈有过度亏欠的心理，就可能会对孩子有过度的补偿，比较多的溺爱、包办和替代。这样的抚养方式，一方面可能会令孩子变得唯我独尊，蛮横无理，另一方面也可能会加重孩子内心的自卑感，他会认同妈妈对自己的可怜，在潜意识里认可自己是可怜的，从而和妈妈一样，以受害者自居。

婚姻破裂对孩子，尤其是年龄小的孩子一定会有影响，但是作为父母，可以将这个影响降到最低。父母如果和孩子的边界清晰，会明确地告诉孩子："爸爸妈妈的婚姻虽然破裂，但是爸爸还是你的爸爸，妈妈还是你的妈妈，爸爸妈妈对于你的爱不会因为婚姻破裂而减少。"

在单亲家庭中，有时会发生一方将对另一半的仇恨、怨气传染给孩子，故意不允许对方探视孩子（用来惩罚对方），或者在孩子面前指责、污蔑对方等，这会对孩子造成很深的伤害。这样的父母，即使婚姻关系解体了，但是他们心理上的关系却还没有结束，仍在继续纠缠。他们并没有从这段关系中走出来，而是继续生活在痛苦的体验当中，不断地反刍过去。毫无疑问，这样的父母会不断地给孩子施加负面情绪，让孩子背负沉重的负担。

≫ 不粉饰太平，勇敢地面对真实

如果遭遇了案例中这位妈妈所说的情况，夫妻中的其中一方人格不健全，对家庭和孩子完全没有责任感，该怎么办呢？这时就更需要妈妈的自我成长。**人格越健全的妈妈，带给孩子的正面影响越多**，越能化解爸爸在孩子心灵上留下的阴影。除此之外，因为孩子天生忠诚于父母的天性，所以如果父亲有遗弃或敷衍冷漠的行为，那么肯定会给孩子留下伤害。作为妈妈，也没有必要逃避这一点，不用伪善地替爸爸编造谎言，比如告诉孩子"爸爸只是忙碌，他始终还是爱你的"之类的话。

一个人格完善的妈妈，一定要有面对现实的勇气和能力，与其为不负责任的爸爸进行粉饰，不如想办法引领孩子面对现实。残酷的现实虽然会给孩子的心理带来一些伤害，但是却好过无意义地遮掩。

如果能划清心理边界，不让孩子对爸爸的离去产生自愧感，明白爸爸的冷漠不是自己的错误，那么对孩子的伤害就会降到比较低的程度。

≫ 亲子关系不能替代两性关系

除此之外，还有一点对单亲家长来说也很重要：**夫妻关系和亲子关系永远是并行的两种关系**，其中任何一方都不能吞噬（取代）另一方。夫妻关系暂时"消亡"，并不代表从此以后再也不需要两性关系，虽然单亲家长暂时失去了婚姻生活的伴侣，但是在合适的机会下，仍然可以再次走进两性关系，而非从此以后只在一份亲子关系中过完下半生。

拿来信的妈妈来说，她同样也可以让孩子知道：妈妈是一个

第四章
父母婚恋关系中的言传身教，胜过道理万千

成年人，有权利选择自己的生活并为自己的选择负责任，自己可以选择单身，但是绝不应该"为了孩子"而选择单身。人格完善的妈妈会用实际行动告诉孩子："我和你的爸爸是两个成年人，我们的婚姻出现了问题，这是我们两个人之间的事，和爸爸妈妈对你的爱无关，所以，你不用为爸爸妈妈的婚姻破裂承担任何责任，也不会因为我们两人的关系发生了变化而受到任何影响。"

将关系区分开，也就划清了人与人之间的边界。于是孩子知道：他只需要为自己负责就够了，而妈妈也能为她自己负责；我和妈妈虽然非常紧密，但却是两个独立人格的人。

一个人格足够完善的妈妈，可以在母亲、职员、妻子、女儿等多种身份中来回切换，游刃有余。对于孩子来说，这也是一个非常好的示范。因为任何单一身份，都会带来人格上的局限。在单亲家庭里，妈妈对孩子的影响尤为突出，因为她几乎是孩子唯一可以"观摩"的对象。所以，妈妈越有能力平衡好各个角色之间的关系，孩子的心理发展也就相应地越健康。

妈妈可以多带孩子参加各种活动，不一定选择需要花很多钱的活动，比如和其他妈妈一起带孩子去感受大自然，让孩子们一起玩耍，妈妈们在一起聊天；比如去参观各种展览；比如带孩子一起去书店坐一坐，在安静的氛围中让孩子找到阅读的乐趣；比如带孩子一起看电影；比如参加一些户外活动群，和大家一起短途旅行，或者参加公益活动等。

的确，在单亲家庭里，妈妈一定会很辛苦，但是和孩子一起探索这个丰富的世界的过程，不仅仅是为了陪伴孩子，对妈妈自

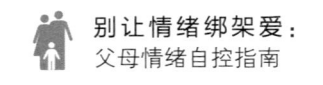

己来说也是一种疗愈。心理健康、精神独立、乐观积极的人格，是妈妈能给孩子的最好的礼物。拥有这样的人格的孩子，无论走到哪里，都有获得幸福的能力。

第五章 家长怎么说，孩子才会听

情绪是亲子沟通中的最大难题，99%的无效沟通，都源于情绪的裂变。

亲子沟通：关注情绪比关注事件本身更重要

心理学研究发现，**孩子对于来自父母的信息，接收最多的是父母的情绪，其次是父母的行为，最后才是父母的语言**。所以，在亲子沟通中，孩子感知最多，对孩子影响最大的是父母的情绪传递出来的信息素，这些信息素一般是通过身体语言、微表情等"非言语类"方式表现出来。可以这样说：父母的情绪水平决定了孩子的心理防御水平。

同样，在亲子关系中，父母能否觉察孩子的情绪，能否读懂孩子行为背后的语言，看到孩子语言背后的需要，也决定了亲子沟通的质量。

一天，高女士晚上下班回家，走到院里，正好碰上孩子买了西瓜回家。孩子拉着高女士一起走进家门，问："妈妈，你吃鸡柳吗？"高女士以为孩子要在街边小吃摊上买鸡柳，便回答"不吃鸡柳"。孩子说："你不吃的话，那我就不炸了。"高女士一听赶紧说："你亲自做啊，那我吃，我还以为你要去买呢！"

孩子做鸡柳的过程中，高女士喝了点中药。孩子做好鸡柳后给高女士盛好端过来，还准备了三个勺子喊爸爸和妈妈一起吃西瓜。高女士回应孩子说："我刚喝了药，现在还不能吃西瓜，你们先吃吧。"丈夫正看手机，也对孩子说一会儿再吃。

孩子只好自己一个人吃西瓜和鸡柳。一不小心，孩子掉了一块西瓜在地上，便自己拿了块抹布擦地板。高女士在孩子擦完地板后指挥他说："来，把厨房这里也擦一下，看这里脏的！"没想到孩子直接说："我拒绝！"丈夫一看孩子这个态度，脾气一下子就上来了，吼道："你不能擦一下吗！"孩子大声说："不能！"丈夫勃然大怒："看你说'拒绝'和'不能'说得真溜，你老爹上一天班不累啊，让你擦个地怎么那么难！"说完，丈夫气呼呼地拿抹布擦地板去了，孩子也气呼呼地回自己房间，并反锁了房门。

高女士觉得孩子说"拒绝"时有情绪，但当时不知道该怎么说才好，觉得跟孩子生气和讲道理都没有用，因此当时没有对孩子的行为做出反应。后来高女士又觉得应该反思以往她对孩子过多地包办代替，没有让孩子从小养成干家务的习惯。平时高女士让孩子每个星期给家里打扫一遍卫生，但是孩子有时也会偷懒，导致丈夫大发雷霆。今天面对孩子和丈夫的矛盾，高女士对丈夫的行为也有些生气，觉得他只是在发泄情绪。

高女士问："面对孩子和丈夫的这种矛盾，我该怎么做才好呢？"

》 情绪的累积，量变到质变的过程

我们可以完整地观察孩子在这个事件过程中的表现：妈妈很晚才回家，孩子出门买了西瓜，然后问妈妈是否要吃鸡柳。后来孩子炸好鸡柳，切了西瓜，也准备了三个勺子喊爸爸妈妈一起吃。通过孩子一系列的行为，可以明显感觉到孩子想和父母产生情感联结，而且这种需求非常明显。可惜的是，父母并没有看见孩子的需求。

在和高女士沟通的过程中，我问高女士："比起西瓜和鸡柳，擦地有那么重要吗？"但是高女士并没有理解这句问话背后的意思。父母太容易沉浸在自己的世界里，而对孩子的需要表现得麻木，这是造成亲子关系紧张的重要原因。

孩子天生忠诚于父母，这是孩子的天性。在青春期，很多孩子看上去叛逆，和父母的关系也非常紧张，但是孩子深层次上对父母的依恋却从来没有消失过。更为常见的场景是：孩子怀着柔软的心试图和父母接近，但最终却因为极度失望而与父母不欢而散。

情绪是亲子沟通中的最大难题，99% 的无效沟通，都源于情绪的裂变。 有研究显示：在影响沟通结果的因素中，只有 30% 是沟通的具体内容，其余 70% 均来自沟通者的情绪。

情绪一般有累积的过程。如果我们对日常生活中的事件进行细致的复盘，就可以觉察一个事实：我们往往不是在最后引发争执的那一刻才有情绪的，而是在此之前情绪就已经在累积了。当

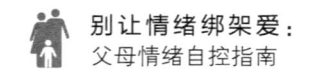

情绪一直积累，就会在情绪池中引起发酵、裂变，并最终在某一时刻爆发。

比如上文案例，高女士并不理解当她让孩子拖地时，孩子说"我拒绝"的原因。另外，孩子拒绝擦地的行为，还直接激发了她和丈夫的情绪（只不过丈夫爆发了，而她隐忍了）。实际上，从中可以看出，孩子"拒绝"的背后，并不是高女士认为的孩子被惯坏了，而是一种孩子情绪的累积反应。换言之，包括语言在内的行为，其实只是情绪的表达。**孩子的情绪，来自自身需求没有得到满足的挫败感。**

在这个案例中，孩子的情绪有一些内心戏的成分，当然这种内心戏也是心智不够健全的表现。**一个人的内心戏越多，就越容易以自我为中心，越习惯从自己的角度看待问题。**但即使如此，我们依然可以看到，在孩子的内心戏里包含着怎样的逻辑，这对于理解孩子的行为非常有意义。

> 我"好心好意"地给父母买了西瓜，炸了鸡柳，很渴望自己被父母"看见"，和父母有深切的联结，甚至希望得到父母的赞赏。但是父母却表现得很淡漠，一个明知道马上要吃西瓜还喝中药，另一个沉浸于玩手机。我拿了三个勺子过来，得到的却是很随意的"你先吃吧"这样的结果，这一切都让我感觉很委屈。而妈妈还在我擦完地板的时候"勒令"我去擦厨房的地板，说"看这里脏的"。从她的语气里，我感觉到了强烈的不被理解以

及控制、否定，故而产生了委屈和愤怒的情绪，所以，我对妈妈要我擦厨房地板的要求明确拒绝！

这个"内心戏"，就是孩子潜意识的呈现。它体现了孩子在沟通过程中自身情绪不断发酵的过程。

>> **避免盲目评判对错，尽量同频沟通**

对于任何行为，我们不要一上来就评判对错，而是尽量看到它的合理性，这可以帮助我们解决很多沟通的问题。我们需要知道，**不管是情绪反应还是行为模式，都是一个人整体人格的外在表现。所谓人格，就是一个人独特而稳定的思维方式和行为风格**。对于孩子来说，其人格的形成与发展，和家庭教育环境高度相关。在清楚了这个逻辑链条之后，家长就明白了为什么我们不要总看到孩子如何错了，更应该看到孩子行为背后的需要、动机和情绪是什么。

如果家长在和孩子沟通的时候，经常漠视孩子的需求，对孩子的情绪进行批判，甚至还因为孩子的情绪激发了自己的情绪，那么家庭大战就很容易一触即发。

案例中的家庭矛盾，在生活中很常见。其实所谓的沟通不畅，说到底就是大家没有在同一个频道里进行沟通。看似你一言我一语说得很热闹，但大多数时候，常常因为情绪的干扰而离题万里。所以，**同频沟通是决定沟通质量的基础**。

想要实现同频沟通，首先要尽量放下评判性的态度和语言。

比如，当孩子对擦地板表示拒绝的时候，父母会对孩子拒绝擦地板这个行为产生相应的反应。至于如何反应，基于父母如何评判孩子的这个行为：如果认为孩子的行为是因为被惯坏了、不懂事、不理解父母、自私，那么父母势必会产生相应的不满情绪，还可能会将这种情绪转化为直接的攻击，比如指责、怒吼、辱骂等，进而使亲子之间的沟通无效，矛盾升级。反之，如果父母看到孩子拒绝背后的情绪，以此为镜像，觉察自己之前的行为是否引发了孩子的情绪，或者造成了什么误会，并开诚布公地和孩子进行沟通，那么很可能会消除彼此之间的误会，化解情绪，不会将孩子原本的一片好心演变为一场家庭战争。

"好"的父母，能做一个稳定的"容器"，能接纳孩子的负面情绪，并将其转化为更有建设性的能量重新输出给孩子，从而实现和孩子之间的高质量沟通。

父母需要不断地觉察自己的评判性思维，尽量放下对孩子的各种是非对错的评判，这样才能不断成长，并与孩子同频沟通。

≫ 太爱讲道理的沟通，会增加孩子的压迫感

与孩子产生争论的时候，家长首先需要处理自己的情绪，尽量避免在这时给孩子讲道理。

太喜欢讲道理，是一种心理防御的表现，其背后的逻辑是：我站在道德的制高点，所以我说的道理你应该听。家长讲道理，尤其是居高临下讲道理，会令孩子在沟通的时候感到强烈的压抑和被控制感。之所以会产生这种感觉，是因为家长讲道理往往不

只是传授经验，更隐含着一种目的：通过道理的正确来证明孩子是错的。既然错了就不能反驳，所以孩子会有压抑感，有一种被别人强行矫正的感觉，也就是"被控制感"。

久而久之，孩子就容易对家长讲道理表现出超限逆反的现象。更重要的是，家长自己也做不到他们口中所说的正确的道理，这种双标行为会加剧孩子的逆反心理。

由此可以看出，**在亲子沟通中，关注情绪往往比关注事件本身更重要**。如果发生矛盾，家长应该尽量先接纳孩子的情绪，认可孩子情绪的合理性，帮助孩子处理或者允许孩子自行处理情绪，然后再进行接下来的沟通。家长应尽量避免在孩子有情绪的时候灌输道理，这样做会让孩子感觉愤怒和压抑，从而错失沟通的机会和目标。

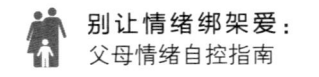

孩子"无理取闹"时：不急于否定，先接纳后共情

有一次，齐女士带儿子去蛋糕店买面包，儿子说要买汉堡，齐女士拒绝了，并跟孩子解释说："今天早上起床时你说喉咙痛，如果你再吃汉堡，就可能会上火。"齐女士让儿子用其他食物替换汉堡，但儿子坚决不肯，还大哭起来，后来儿子还生气地打齐女士。面对这样的情况，齐女士不知所措，不知道应该怎么处理。

≫ 行为背后是情绪，情绪背后是需要

齐女士给孩子讲道理还提出了建议：用其他食品替换汉堡，但孩子依然大哭大闹，这中间的问题出在哪儿呢？答案在于家长在讲道理和提供替换方案前，没有对孩子的情绪进行处理。

包括孩子在内的每一个人，其行为都遵循一个公式：行为背后是情绪，情绪背后是需要。在这个案例中，孩子打妈妈是行为，这个行为的背后是孩子愤怒的情绪，而愤怒的背后则是自己想吃汉堡的需要，这种需要没有得到满足。

家长面对这个问题的时候，首先考虑的是孩子的需求是否合理。当家长认为不合理时，就会不由自主地把处理问题的重点放

在"讲道理"上，花很多时间给孩子讲为什么不能吃汉堡。

问题在于：在孩子的情绪没有被看到和处理之前，不管家长给孩子讲多少道理，除了加重孩子的负面情绪之外，几乎没什么作用。这背后的逻辑是：孩子想吃汉堡的需要没有得到满足，他内心既憋闷又委屈，在这样的情绪之下，他无法心平气和地听妈妈讲道理。在他看来，妈妈说的所有道理和解释，都是为了证明不给他吃汉堡是合理的，所以他会本能地排斥妈妈讲道理。

也许有的家长会困惑：孩子明明上火了，难道我还要让他吃汉堡吗？答案并非如此。这里所说的满足，并不一定是实质性的内容满足（比如汉堡），而是一种心理层面的满足。

所谓心理层面的满足，就是家长对孩子需要的合理性给予肯定和接纳。也就是说，家长应该首先肯定（承认）孩子的需要。

儿童与成人不同，儿童的专注力非常狭窄，他们往往只关注"自己的目标是否达成"这一件事。也就是说他想吃汉堡，他就只关注自己能不能吃上汉堡，没有多余的精力处理别的信息。如果家长直接拒绝儿童的要求，孩子就会因为要求被否定而产生强烈的挫败感，同时很容易陷入这种情绪，进而引发情绪失控，做出一些在大人看来不可理喻的行为。家长眼中的"不可理喻"，实际上是不理解和不接纳孩子"情绪的合理性"。

≫ 要接纳孩子"情绪的合理性"

认识到孩子"情绪的合理性"是关键所在，可以帮助家长理解孩子的行为，消化自己的情绪。事实上，也许孩子对事物的认

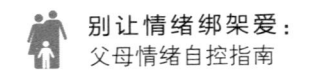

知有局限，但是在他自己的认知系统里，这种激烈的情绪是合理的。或者这样说更为准确：**情绪和感受都是主观的，它们本身没有"合不合理""应不应该"的说法。**

孩子因为需要没有被满足而产生挫败感，并因挫败感表现出恼羞成怒的状态是很合理的。

家长很容易把孩子的情绪和行为混在一起进行评估，比如看到孩子的行为是不讲道理的，是野蛮的，甚至是破坏性的，就连同孩子的情绪也不能接受。当家长把孩子的情绪和行为打包在一起进行处理时，孩子感受到的是自己这个整体都不被接纳。

比如，大部分家长都不认可孩子极端愤怒的表现：在家长的逻辑里，我已经给你讲清楚了为什么不能吃汉堡，你再发脾气，就是无理取闹了。

意大利教育学家蒙台梭利曾说："儿童不是小号的成人。"成年人有更好的自控能力，有能力耐心地听道理和理解道理。所以对于成年人来说，告诉他不行，然后再陈述理由，这种方法是可行的。但是儿童的思维逻辑和成人有本质的不同，不管是生理发展水平还是心智发育水平都有其自身的局限性，所以用对待成人的方式来对待儿童，本身就是不合理的。

这样说，是否意味着孩子就完全不具备理性思维，完全不能和孩子讲道理呢？答案依然是否定的。

应该这样说更为准确：孩子首先活在感受里，越小的孩子越是如此，所以家长需要重点关注孩子的感受。然而并不是不能和孩子讲道理，而是需要让孩子的心理得到满足，情绪平稳的时候再讲道理，这时候讲道理，他们才能听懂和接受。反之，则会激发他们的挫败感、委屈和愤怒情绪。

≫ 家长怎么满足孩子的心理需要

那么，我们该怎么满足孩子的心理需要呢？对于孩子的要求，家长要尽可能地满足，如果确实不能满足，也不要对孩子的要求马上给予否定。

比如，孩子要吃汉堡，家长可以先表示同意，口头上先表示吃汉堡当然是可以的。当家长对孩子的需要表现出看见和支持的时候，孩子在心理上就会感觉自己是被许可的，这个时候他对于目标就没有那么执着。相反，如果父母一开始就对孩子的要求表示否定，这个不可以，那个不能吃，那么孩子感受到的是不被允许的匮乏和愤怒，为了维护自己的需要，他反而会要得更加激烈。

每一个人的天性中都有共同的需求，比如被允许、被爱、被尊重、被看见等，孩子也不例外。在生活中，家长虽然对孩子有很多溺爱，但同时也会有很多限定。比如说，不能吃薯条，因为薯条是垃圾食品；不能吃冰棍，对肠胃不好；不能去高处玩，有危险。这些限定，会泯灭孩子热爱自由和探索的天性，让孩子感觉无时无刻不生活在被限制的挫折之中。生活在这样家庭氛围中的孩子，往往会显得比较执拗。家长如果不懂执拗背后的原因，反而可能还会认为是自己太溺爱孩子导致的。

事实上，孩子当然可以吃薯片，只是不能过量；冰棍也可以吃，但是需要注意吃冰棍时的身体状态和吃冰棍的频率。去高处

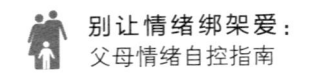

玩当然也是可以的，不过需要做好安全措施。

这是一种思维上的转变，**父母的非限制性思维会带给孩子心理上的安全感**，孩子会从内心深处有一种笃定。就像棉花糖实验，当孩子笃定自己早晚都能吃到棉花糖时，他可能就不会急于一时。这种笃定，是一个孩子自尊和自信的基石。

具体到这个案例，如果孩子从心理上相信自己是被允许吃汉堡的，只不过现在不能吃而已，那么他带着这种"早晚能吃到"的笃定，就不会那么急迫和执拗，就能够听进去大人的道理。而那些总被拒绝和限定的孩子，一般来说很难听进去大人讲的道理，因为他们的感受是：我又被拒绝了，我总是不被允许，给我讲道理就是给不满足我找理由，我才不要听。

不管对于大人还是孩子，如何处置情绪都是首要问题。**当情绪稳定的时候，人才有随之而来的理智**。家长作为成年人，不管是经验还是理性程度上都远高于孩子，所以在亲子关系中，家长理应充当领路人的角色，做一个比孩子"高明"的人。这个高明，就体现在能否接纳孩子的情绪上。

当孩子有过激行为的时候，其实是向父母传递了一个信号：孩子内心有非常大的委屈和愤怒。这个时候，就需要父母能够看到并理解孩子。对孩子情绪的无条件接纳，也就是对孩子的感受实施共情的过程。

再分享这样一个案例。

> 妈妈忘了给女儿的饭卡充值，以至于女儿中午在学

校食堂打饭时，发现饭卡中的金额只剩两分钱。午饭时间，女儿的同学刷自己的卡帮女儿买了午饭，而在晚饭时间，女儿干脆没有吃饭。晚上女儿放学回到家，怒气冲冲地把书包扔到沙发上，质问妈妈："你答应给我的饭卡充钱，钱充到哪儿了？"

妈妈在第一时间承认了自己的疏忽和错误，跟女儿诚挚地道歉说："对不起啊，是妈妈忘了充值。那你中午吃饭的时候卡上只有两分钱，多尴尬啊。对不起，是妈妈的失误给你带来了这种尴尬。"

当妈妈看到了女儿的情绪，承认了自己的疏忽，女儿的情绪也就消减了大半。这时，女儿告诉妈妈是同学帮她打了饭，而晚饭她没有吃。这个时候，妈妈又进一步对孩子表达了爱意，她说："饿了吧？想吃什么，妈妈赶紧给你做。"

在这个例子中，这位妈妈的做法，充分展现了父母对孩子情绪的接纳和共情，是一个非常成功的正面案例。

其实解决问题的关键，不在于孩子的行为如何得到矫正，而在于孩子的情绪有没有被家长看到和理解。家长在和孩子沟通时，如果能把大部分精力用于解决孩子的情绪，那么后面的沟通就会变得非常简单。但是，如果孩子的情绪没有得到处理，后面的沟通就会变成鸡同鸭讲，困难重重。

父母与孩子沟通的水平，常常就体现在对孩子情绪的把握上。

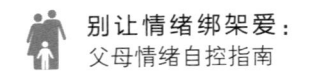

孩子恐惧时:善当心理容器,不给孩子投射焦虑

有个家长问我:"我的孩子才七八岁,却总是担心自己会死掉,担心爸爸妈妈会死掉,连过生日时都许愿说'长生不老'。我就很奇怪,孩子这么小就天天想这些,心事是不是太重了,我应该怎么办?"

后来,家长又补充了一些细节:"我父亲已经去世了,有一次我们回老家烧纸的时候带着他。在农村的坟地里,他看见了我们烧纸,可能从那之后,他就有了这种概念,知道姥爷是埋在地里的。"

"平时孩子过马路时乱跑,我就会教训他'如果你被车撞死怎么办?死了后悔还来得及吗?死了就只能埋了,像姥爷一样',接着我还会跟孩子讲很多关于安全的话题。"

"孩子整天把'死'字挂在嘴边,害怕死掉,问我他会不会死?通常这种时候我也不知道该如何回答他,一般就回答他:'你过好现在就行了,享受当下,好好吃饭,开心快乐。'"

"可能他在托管班也和老师说过这个问题,所以他的老师还专门给他买过一种糖豆。昨天我翻他书包的时候发现了,我说"这是什么,吓死我了'。他说这是托管班的老师给他买的,叫'长生不老药'。估计老师也觉得他一个小孩子没必要老担心生死,所以用糖豆安慰他。"

≫ 父母要善用"容器功能",缓解孩子负向情绪

英国心理学家比昂曾用"容器"来形容父母对子女的作用。在讨论类似死亡的话题时,父母能否成为孩子的"容器"尤其重要。在这个案例中,妈妈在和孩子谈论关于死亡话题的沟通中,处处透露着家长自己对死亡的恐惧和回避态度。她对孩子纠结于死亡的问题感到莫名其妙,却没有意识到正是自己对死亡的态度影响了孩子。

关于"容器功能",比昂是这样解释的:原始的"被容物"是一个人的自我所不能接受的东西,比昂称之为"β元素"。一个人会将自己的β元素投射出去,经由另一个人作为容器,进行容纳、消化和吸收,再以安全的、可接受的方式置换出去,变成"α元素"。

在父母与孩子的关系中,父母充当了容器的作用,父母将孩子不能接受的情绪接收、转换,再交给孩子,让孩子学会和这个原本恐惧(或其他不能忍受的感受)的事情和平相处。

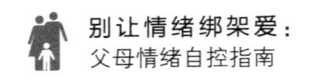

》 通过"情绪命名法",防止情绪成为创伤

案例中的这个孩子害怕死亡,死亡对他来说是一件恐惧的事情,这就是他的"β元素"。他将这个恐惧告诉妈妈,这时妈妈如果能用一种方式让他对死亡有一个清晰且不那么害怕的认识,那么"β元素"就被转换成了安全的"α元素",孩子就可以和它和平共处了。

对情绪的准确命名,就是一个很适合的方法。**通过对情绪命名,可以将"潜意识的内容意识化"**,当那些说不清楚的东西被清晰呈现,它就由不能忍受的"β元素"转化成了安全的"α元素"。

比如面对孩子对死亡的恐惧,妈妈可以仔细询问当孩子想到死亡的时候,感受是什么?害怕的具体内容是什么?比如害怕黑夜,害怕孤独,害怕再也见不到爸爸妈妈,还是别的什么?

对情绪命名是一种认知的升级。**一个人的认知水平提升,可以帮助他更加清晰地看待世界,消除疑惑和恐惧**。父母作为成人,有比孩子更丰富的认知和经验,父母将这些经验以合适的方式传达给孩子,可以升级孩子的认知,在这个过程中,父母也就充当了容器的作用。对孩子来说,从不知道那种模糊的、不舒服的情感是什么,到能够清晰地表达它是焦虑、愤怒还是恐惧、羞愧等,孩子的恐惧情绪就会随之消失大半。

如果妈妈能够持续不断地做这件事,那么在孩子以后出现类似的不可承受的情感体验时,他就会自动学习,或者模仿妈妈,给自己的情感命名，例如害怕、恐惧、烦躁和焦虑等。**当一个情感被命名之后，它就不再是原来的情感，它就从不可忍受变成可以忍受。**

再比如，在关于死亡话题的讨论中，父母可以和孩子谈一谈自己的理解。如果父母自己对这个问题理解也不够，还可以和孩子一起查资料，和孩子共同学习这个话题。也许很多东西孩子无法彻底地理解清楚，但是随着父母帮助孩子在这个话题上理解的深入，孩子对这个话题的恐惧和困惑就会消减很多，自然也就不会再继续执着了。

对于危险、恐惧的环境，最好的方法是让孩子远离。但是，如果孩子不得不面对这些，那么父母需要做的是与孩子充分地共情，为孩子创造充满"α元素"的外部环境。

在上述案例中，不管妈妈空讲"活在当下"大道理的做法，还是老师制造虚假的"长生不老药"欺骗孩子，它们都不是好的处理方式，其本质都是回避问题。

如果父母可以开诚布公地和孩子探讨这个话题，并且对孩子的感受产生共情，那么孩子的情绪就会逐渐稳定下来。所以，很多时候，家长只是需要能够给孩子的情绪提供一个充满"α元素"的环境，让孩子在这个环境下感受到安全和温暖。当他的恐惧（或者其他情绪）被尊重、重视和处理之后，自然也就很快消失了。

而那些没有被处理的情绪，大部分会进入潜意识成为"创伤"，成为潜意识里的"未完成事件"。

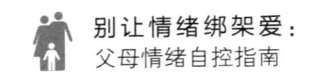

由此可以看出，案例中这个孩子对死亡话题这么执拗，归根到底，还是因为父母在和他沟通时，没有很好地处理他的情绪所导致的。

❯❯ 改善日常不良习惯，不投射焦虑给孩子

我们一起来看一看这位妈妈在沟通中有哪些可以提升的部分。

第一，父母无意识的习惯、行为甚至是口头禅，都在不知不觉地影响着孩子，对孩子实施着行为和思维方式的塑形。

案例中的妈妈在孩子很小的时候，带孩子目睹了亲人死亡后上坟的画面。另外，在生活中，为了教育孩子注意安全问题，常常不能就事论事，而是经常扯到"死亡"这个话题上，包括口头禅，也就是"吓死我了"这一类语言。

当这位妈妈对孩子执拗于"死亡"这个话题百思不得其解的时候，她可能没有意识到，其实她自己对"死亡"这个话题也很敏感。弗洛伊德认为，口头禅或者无意识的口误，是能够接近人潜意识的几种方式之一，这些看似无意义的表达，其实能够反映出父母内心对待"死亡"这个话题的真实态度。

这位妈妈有意无意地总是将与"死亡"相关的话题挂在嘴边，对于孩子来说，无异于一种"强化"。她一直强调不知道怎么应对孩子的这种问题，说明孩子对于死亡话题的执着，让她感觉焦虑和困惑，这恰恰反映了她自己作为一名成年人，可能也并没有真正消化关于"死亡"的话题。她的这种态度直接影响了孩子，加重了他的恐惧。

第二，沟通时，不能就事论事，而是指责、夸大、恐吓。

在这个案例中，家长使用了指责和恐吓的方式对孩子的行为进行批评，将孩子过马路时没有仔细看路的问题，扩大到"如果撞死了，就只能像姥爷一样埋在土里"这样一种具有恐吓的话语上。结果是不但没能让孩子熟悉过马路的规则，反而增加了对死亡的恐惧。

这种典型的"不能就事论事"的表达方式，除了让孩子感觉到妈妈对他的指责和教训外，还可能让孩子因此产生恐惧、羞耻甚至逆反等情绪。

第三，回避问题，空讲道理。

妈妈对孩子的回答"你过好现在就行了，享受当下，好好吃饭，开心快乐"。这种回答对于解决孩子的恐惧情绪来说没什么作用，孩子感觉到的是枯燥的说教，而且离题万里。

家长的态度是认真还是敷衍，是真诚还是回避，孩子一清二楚。家长的这种沟通态度，会直接导致孩子更偏执于这个话题。

比昂认为：**人与人关系的本质，就是看谁向谁投射焦虑**。在家庭生活中，父母有时会将自己不能承受的焦虑投射给孩子，比如过度担心孩子的安全和健康，这就与父母原本应该成为孩子的心理容器背道而驰了。由此可以看出，父母需要完善自身的人格，这样才能当好孩子的心理容器。

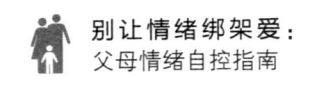

无痕式引领：家庭教育中沟通的最高境界

在亲子沟通中，父母最好的方式是给孩子无痕式的引领，在不知不觉中化解孩子的情绪，找到问题的关键，引导孩子思考，在这个过程中，**给孩子心理上的抱持、情绪上的接纳和认知上的指引**，这是基本的沟通思路。但是，在实际操作中，怎么能将这种理念贯彻和应用得当，就要考验家长的水平和修为了。

▷ 通过恰当的引领，启发孩子自主思考

经典的"幼儿八问"为父母提供了引领孩子的思路。这八个问题不是固定不变的话术，而是一种亲子沟通的思路。家长可以在掌握精髓之后，在实际沟通中灵活地应用。

这八个问题如下。

第一个问题："发生什么事情了？"

第二个问题："你的感觉如何？"

第三个问题："你想要怎样？"

第四个问题："那你觉得有什么办法？"

第五个问题："这些方法的后果怎么样？"

第六个问题："你决定怎么做？"

第五章
家长怎么说，孩子才会听

第七个问题："你希望我做什么？"

第八个问题："结果怎样？有没有如你所料？"或是"下次碰见相似的情形，你会怎么选择？"

短短八句话，体现的是家长不评判的态度，对孩子的积极关注，启发孩子开动脑筋和换位思考的能力。

我们用一个案例对"幼儿八问"进行解释。

> 盈盈早上和爸爸一起吃早餐时，因为奶奶做的饭菜不合口味，盈盈的肠胃又一向虚弱，所以对早餐没有胃口。她刚放下碗筷，爸爸就勃然大怒，说："天天吃饭都剩饭，就是不珍惜粮食，不知道粒粒皆辛苦。平时说想吃这个那个，做了你又不吃，只会浪费，你给我吃掉，不准剩饭。"在爸爸的骂声中，盈盈流着眼泪，艰难地一口一口将饭菜咽下。在上学的路上，盈盈也一直默默地流眼泪。

> 妈妈当时是这样开导盈盈的："我知道你吃不下，你爸爸强迫你吃完，你很委屈。我觉得你爸爸逼你吃饭，一方面是怕你早餐吃得太少，过一会儿可能会肚子饿；另一方面是以前你上幼儿园的时候，是从不剩饭的，现在剩饭，爸爸就觉得你浪费粮食。以后我把饭放桌上，不帮你盛，你自己想吃多少就盛多少。"

在这个案例中，爸爸过分严苛，只讲道理不讲感受，教育方式简单粗暴，对孩子的心理发育非常不利，而妈妈的"劝慰"同

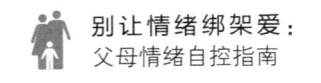

样不得其法。关于这个案例的具体沟通，可以尝试以下三步。

第一步，沟通的前提是先处理好孩子的情绪

有情绪挡道，就一定不会有良好的沟通。所以，和孩子沟通，首先要处理好孩子的情绪。**父母需要"看到"孩子的情绪，但是不需要"包办"孩子的情绪**。恰恰相反，父母还应该在生活中尽量**避免引导孩子过分关注自己的情绪化内容**。比如，孩子放学回家，父母问孩子："今天开心吗？"这就是一种非常不恰当的提问，这样会无意识地引导孩子关心自己的情绪。正确的提问方式是："今天发生了什么？"这样的提问方式，会引导孩子将关注的重点放在事情而非情绪上。

在案例中，妈妈直接替孩子说出了"委屈"的情绪，实际上这样做等于阻断了孩子自己表达情绪的能力，"包办"了孩子的情绪，这种沟通方式并不能达到共情的效果，反而容易加重孩子的委屈感。

在处理孩子的情绪时，家长情绪要稳定，也就是说家长要"接得住"孩子的情绪。对待孩子的情绪，家长要无条件地接纳，这是实现有效引领的基础。在沟通过程中，尤其是家长遇到孩子表达一些情绪化的内容时，要特别注意调节自己的情绪，不能被孩子的负面情绪带偏了。家长可以提醒自己注意接纳孩子情绪的合理性，必要时可以借用喝水或其他方式给自己按个暂停键。

如果孩子有很深的愤怒情绪，家长可以引导孩子先进行情绪宣泄。孩子最初的宣泄也可以是不理智的，不过在宣泄完之后，

家长需要让孩子再做一次理性的宣泄。这时，可以问孩子："如果现在换一种比较理智的宣泄方法，你会怎么说，怎么做呢？"

这时，家长可以通过"情绪命名法"鼓励孩子说出自己的感受，比如我现在很愤怒，我很委屈，我觉得很憋闷等。把情绪说出来，情绪也就得到了很大程度的宣泄。

与此同时，**家长在引领孩子情绪的过程中，需要恰当地共情**。注意是恰当而不是过度，比如直接说"我很同情你，你确实很可怜，你爸爸很坏"等，这就属于过度共情。过度共情会让孩子沉浸在自己的情绪中不能自拔，过分关注自己的情绪问题，变得"矫情"。

很多时候，家长只需要一些简单的肢体语言，比如点头、身体前倾、目光坚定等，来表达对孩子情绪的承接。还可以在孩子宣泄情绪的时候，使用一些如"哦""这样啊""然后呢""嗯"等简单的词汇，引导孩子倾诉感情。

但是引领孩子时，要避免"道德绑架"，这是最容易令孩子产生无力感和挫败感的沟通方式，孩子会被这些听上去很有道理的话语捆绑，无力反抗，这样做还会压抑孩子真实的情绪。

比如在上述案例中，妈妈在劝慰女儿时说，"我觉得你爸爸逼你吃饭，一方面是怕你早餐吃得太少，等过一会儿可能会肚子饿"，这是妈妈替爸爸勒令女儿不许剩饭的辩解。我之所以用"辩解"这个词，是因为这种说法完全站不住脚。

如果这是爸爸真实的意思，那么爸爸是否有过这样的表达？如果当时没有，事后妈妈又找了这样一个理由劝慰孩子，那么妈妈的说辞，实际上就是在为爸爸的强势披上一层"遮羞布"，这种所谓的"好心"，只会让孩子感觉到更加委屈。如果父母真的是担心孩子吃得少很快会饿，则完全可以避开"强迫孩子必须吃光"这种表达方式，我们应该清楚一点："好心"也需要好的表达方式。

第二步，用启发和提问的方式引领孩子

引领孩子的时候，要多使用问句，主动启发孩子去思考。例如：

你怎么看待爸爸对你的训斥？

你希望他怎么做？

他那样说的时候，你的感受是什么？

如果换成你希望的方式，你希望他怎么说？

如果他这样说，你的感受是什么？

那你可以尝试跟爸爸沟通，说出自己的感受和想法吗？

为什么呢？

如果你这样说，结果会怎么样？

如果你那样说，结果会怎么样？

你现在的感受是什么？

你希望妈妈怎么做？

你觉得爸爸那样说，除了你认为在骂你以外，还有其他可能吗？

那你看有没有这种可能……

那如果爸爸这样说，你会感觉好一点吗？

问题不是固定的，而是要根据实际情况做出调整，但大体思路是引导孩子自己进行思考，引导孩子看到同一现象背后的多种可能，丰富孩子的认知，并引导孩子自己想一些应对办法。

在沟通的过程中，家长要尽量少一些评判性语言，比如"这样想不对吧""至于吗？"等，最好多以中性的词语引导孩子。

第三步，对孩子的思考和探索给予鼓励

在引领孩子的时候，当孩子说出一种现象的多种可能时，父母要给予肯定，肯定孩子丰富了自己的认知行为。这样的肯定可以帮助孩子多角度看问题，减少偏执和受害者思维。

同样，对孩子提出的解决问题的方案，也要给予充分的鼓励。孩子遇到问题时想出来的解决方案越多，以后遇到实际问题的时候，孩子的心理状态就越稳定。

最后，父母可以多对孩子说"试试吧"。这简单的三个字，是在鼓励孩子按照自己的想法去实践。不管结果如何，家长都要对孩子的行动和思考给予积极的鼓励，这会让孩子有敢于试错的勇气。

另外，如果孩子的思路一时转不过来，比如就认为爸爸是"坏"的，那么家长也不必强求孩子立刻扭转想法。"冰冻三尺，非一日之寒"，孩子有这样的想法和认知，跟家庭环境的长期影响不无关系。**家长只有先扭转自己的态度，转变养育方式，孩子才会一点一点地改变。**

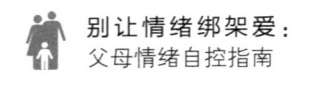

引导孩子学会复盘情绪

王女士带着儿子和女儿在游乐场所玩耍,一个小孩儿想要扯女儿的小辫子,王女士立即制止,内心觉得这个孩子"很讨厌"。一旁,王女士的儿子正在打台球,这个捣乱的小孩儿又来到儿子旁边,推一推台球,摸一摸球杆。王女士很不高兴,直接告诉那个小孩儿:"这位小朋友(她儿子)正在玩,你不要捣乱。如果你想玩的话,需要排队。"

王女士问我:"不知道我的这种处理方式对不对?"

我问王女士:"那个孩子动台球的时候,你儿子是什么反应?"

她说:"他应该挺生气的。"

我说:"生气是他告诉你的吗?"

她说:"那倒不是,我就是看他的脸色好像是很不高兴的样子。而且我儿子性格内向,平时就算很委屈也不会说出来。"

我问:"为什么孩子平时受了委屈却不说出来呢?"

王女士想了想,猜测着说:"大概是这个孩子性格比较内向吧。我也不知道。"

教会孩子"复盘"是养育孩子的重要方法。复盘,按照心理学的角度来说,就是"叙事"。如果一个孩子可以精准地描述自己的感受和事件的过程，那么这个孩子各方面的发展就一定不会差到哪儿去。

语言复盘，可以帮助孩子宣泄情绪

语言复盘，就是用语言复述事件的发生过程，同时也意味着要开口说话。**讲话，是"表达"自己的过程，而表达本身具有疗愈作用**，所以我们会有"表达性疗愈"这门课程。成人都有这样的经验：当有负面情绪，很生气或悲伤的时候，如果能找个人聊一聊，似乎自己就没那么难受了，这正是语言表达的重要功能之一。

从这个角度来看，让孩子学会叙述，对于化解孩子的情绪有积极作用。一个孩子能够流畅地倾诉，就意味着他有能力宣泄。

案例中，王女士说她的儿子性格内向，遇到委屈憋着不说出来，正是因为很大程度上他没有获得"倾诉"的有效渠道。

对于孩子来说，从牙牙学语到听故事和读绘本，都是在潜移默化地培养他叙事的能力。从孩子与父母之间最简单的对话开始，有意识地培养孩子的学舌能力，就等于给孩子插上了一对管理情绪的翅膀。

"学舌"能够培养孩子的内在综合能力

学舌本身需要记忆能力，孩子复述事情的过程，就是锻炼记忆力的过程。故事本身有内在的逻辑可寻，锻炼讲故事的能力，无形当中也锻炼了孩子的逻辑思维能力。孩子在复盘描述的过程中，原本混乱的思绪得到澄清和梳理，这对于孩子重新解读事件

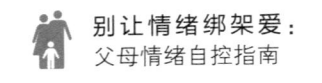

很有意义。与此同时，在家长的引导下，孩子可以更好地了解自己的情绪和需求。

语言中的逻辑组织能力，在开发孩子的个体智能方面功不可没。从孩子小时候就训练其"准确表述"的能力，对孩子来说非常重要，这是孩子日常交际和作文写作的基础能力。这种训练，会使孩子的思维更敏锐，同时也可以增加孩子日常交际的信心。准确辨别词意是一项艰巨的智力训练，能帮助孩子弄明白他到底在想什么，这就是我们提到的培养孩子内在的综合能力。

千万不要小看"说"这个功能，没有说或者不会说，不仅影响人际沟通的质量，对孩子自身能力的培养也有损失。

家长要把"说"的权利还给孩子

有的家长太着急了，当孩子还没说出来时，家长就懂孩子的意思了，也有的家长本身有大量无法消化的情绪，这使得他自己的表达欲非常强烈，总抢孩子的话。不管是哪一种情况，都会扼杀孩子"表达"的能力。前者包办替代，是对孩子自主表达能力的阻断；后者制造噪音，会在无形中给孩子制造表达恐惧。

在案例中，妈妈看到孩子有不高兴的表情，马上就替他解决麻烦，而且还理所当然地认为孩子不会表达。妈妈的这种想法，潜台词有两个：一是不相信孩子有自主表达情绪的能力；二是包办替代，对孩子的情绪过于积极，抢先替孩子发声。

还有的家长在孩子年龄较小的时候，对孩子"过分体贴"，比如孩子还没开口说"渴"，妈妈就主动询问"是不是渴了"，这样孩子就只需要点点头或者摇摇头就够了，无形当中，就不需要说话了，"懒"孩子也就培养起来了。

鼓励孩子表达，家长首先要克服自己的表达欲，克服自己看着孩子说不出来的焦躁感，把说话的权利交还给孩子。

家长需要帮助孩子梳理情绪

按照"幼儿八问"的思路帮助孩子疏导自己的情绪，对孩子来说至关重要。梳理情绪的前提是给情绪命名，也就是让孩子清晰、准确地描述自己的情绪。

比如，那个小朋友动我的球杆，我很愤怒；比如，那个小朋友动我的球杆，我很好奇他为什么这么做？孩子清晰地对自己的情绪命名，也就意味着孩子清晰地感知自己的情绪。只有先知道自己"怎么了"，才可以有接下来的行为。

家长可以在孩子有情绪的时候，帮孩子捋清楚自己的情绪，而不是用"我感觉不舒服"这种模糊的描述。情绪命名后，家长再以询问的方式，引领孩子去思考这个问题，可以参考如下思路。

他做了什么令你不开心呢？

哦，因为他动了你的球杆。那么你是怎么看待他动你球杆这件事的呢？

哦，你认为球杆是你的，或者你正在玩，其他小朋友应该排队……是这样的啊。

哦，那除了他故意给你捣乱之外，还有没有其他可能呢？

哦，也许是他想跟我玩？这也的确很有可能，那你要不要求

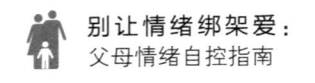

证一下呢？

哦，在这件事里，你希望对方怎么做会令你比较舒服呢？

哦，那你怎么跟那个小朋友表达你的意思呢？

哦，如果你这样表达，会有什么结果呢？

还有其他的方式吗？

用这种方式又会有什么结果呢？

通过一系列的提问，家长引领孩子主动思考问题，让孩子更全面地看待问题。比如，除了自己的理解之外，还有没有其他可能，自己应该怎么处理这件事？最后鼓励孩子按照自己的思考去行动。

这样做就避免了对孩子的包办替代，防止直接替代孩子赶走那个小朋友，也发动了孩子独立思考的能力。最后再鼓励孩子"试试看"，让孩子带着笃定和勇气去尝试。同时，通过对多种情境的"提前演练"，也丰富了孩子的认知结构，这样就在无形中教给了孩子化解情绪的方法。

≫ 善用不带评判的"真实表达技术"

在沟通中，我们需要了解对方真实的需要，并且根据对方的需要给予"恰当的回应"，这也可以称为沟通当中的"真实表达技术"。

举个例子。

妈妈回到家，发现孩子的屋子很乱，脏袜子这里丢一只，那里丢一只。

我们可以对这个场景设定几种不同的表达方式。

"情绪化"的表达方式是："你看你，把屋子搞得这么乱，像猪圈一样。"这种表达方式的重点在于宣泄情绪，会使用一些明显带有攻击性的词汇，比如"猪圈"等。这样沟通的效果，自然很容易将对方的情绪点燃，然后双方进入到"情绪化"的斗争中。

"克制"的表达方式是："屋子太乱了，你最好赶紧收拾一下。"这种表达方式虽然避免了将自己的愤怒情绪直接宣泄出来，但是强行压抑的愤怒却是无法掩盖的。"你最好赶紧收拾一下"，这种隐忍的攻击实际上带着一种威胁的意味，同样很容易激发对方的情绪。

"真实表达"的表达方式是："我看到屋子桌子上放着一只袜子，沙发上还放着一只袜子，毛巾也放在水池子里……我看到这样的屋子感觉很不舒服，我希望家里的环境是整洁的，我们能不能收拾一下？"

真实表达技术最核心的要务是"不带评判"，它主要建立在陈述事实的基础上，这种对事实的描述是不带主观色彩的，也就是说所有人看到的"事实"都不会有差异。

在客观事实的基础上，真实地表达自己的感受（我感觉很不舒服），然后真实地向对方提出自己的期望（我希望家里的环境是整洁的，我们能不能收拾一下？）。这样的沟通方式，不容易激发对方的情绪，自己也能保持一个平和的状态，既没有对自己的情

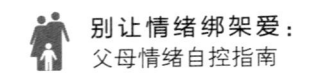

绪压抑隐忍，同时也没有以攻击的方式宣泄情绪，而是将自己的情绪做了一个恰当的陈述和表达。

当然，也许对方会对你的建议表示否定，或者不赞同，那么在这种情况下，我们依然可以继续以协商的态度和对方沟通，直到达成一致的意见。"愿意协商"并不是单纯的行为，更是一种态度。

在家庭沟通中，父母要有共情孩子情绪的能力，看懂孩子语言背后真实的情感需要。**在沟通过程中，要尽量去掉以自我为中心和评判性思维，以中立的态度和孩子进行友好协商，这样才能达到沟通效果。**

沟通从来不是单方面的信息输出，而是一个互相反馈和互相影响的结果，但是沟通的目的，一定是求同存异，达成意见一致。所以，任何时候都要牢记自己的目标，才能不陷入情绪的怪圈中，只有这样，才能和孩子实现心平气和的有效沟通。

提升认知，锻造家长自身的成长型思维

无痕引领有一个前提，就是家长需要先去除自己的不合理认知，做到高屋建瓴，这样才能带领孩子走得更远。

≫ 用情绪ABC理论，矫正自己的不合理认知

梅女士带着儿子在游乐园玩滑梯，玩滑梯的小朋友很多，大家都在排队等候。有一个个头很小的孩子一直往队伍里挤，但是由于梅女士的儿子个头比较大，这个场景看上去就像是梅女士的儿子在撞那个小个子孩子一样。梅女士还没来得及劝阻这个孩子，孩子的奶奶就冲过来大喊说："看着点孩子，看着点孩子。"梅女士觉得这位奶奶的语气里充满责备和批评的意思。梅女士张了张嘴，很想说："是你家孩子在挤，你应该管好自己家的孩子！"但最终她还是什么也没说。梅女士的儿子也没说话，后来他又去玩儿别的项目了。

梅女士说，她和儿子经常遇到这样的事情，可能是因为儿子长得比较高大，他如果和其他小朋友发生冲突，看起来就好像是他在欺负别人。而梅女士不能为儿子说

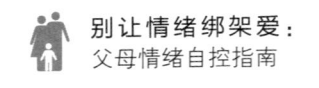

话，事后总觉得很懊悔和自责。

梅女士补充说："我好像是怕跟对方起冲突，又好像是因为不知道该说什么，我总是感觉自己一说话就会吵架。真是什么样的家长养出什么样的孩子，我儿子遇到这种事情也不会替自己说话，不说话又觉得像理亏一样。哎，真是恨自己嘴笨！"

什么是情绪 ABC 理论

我们的今天由过去组成，我们当前对事件的看法，暗含着以前生活的全部经验。但是，我们的认知和客观事实之间，往往是存在偏差的。出现这种问题时，实现"认知升级"是完成自我成长的一个重要组成部分。

情绪 ABC 理论是由美国心理学家埃利斯创建的。人的消极情绪和行为障碍结果（C），不是由于某一激发事件（A）直接引发的，而是由于经受这一事件的个体对事件不正确的认知和评价所产生的错误信念（B）直接引起的。

说的再简单一点，**A 是事件，B 是认知，C 是结果**。我们对事件的反应，主要基于我们对这件事情的"解读"。正是因为对事件的不合理认知，才导致我们产生负面情绪，并因此产生不良后果。

所以，最核心的关键点是 B，即认知，也就是对事件的一些看法、解释和评价等。在现实生活中，我们往往忽略 B，只能看到 A（事件）和 C（结果）。可以说，情绪 ABC 理论在生活中是非常具有指导意义的。

以本文中的事例来解释一下情绪 ABC 理论。梅女士对那个小个子孩子的做法，显然是不太高兴的，她觉得那个孩子在挤、在抢。同样，她对孩子奶奶的说法也是有情绪的，她将奶奶的喊叫，解读为其对自己和儿子的不满与指责。这种解读，和与之对应的情绪、行为，形成了一一对应的关系。在这个事件里，A 是小孩奶奶的喊叫，B 是梅女士对奶奶喊叫的解读，即她认为对方的言语是对自己和儿子的指责，C 则是梅女士对此事件产生的情绪，即不满和压抑。

后来我和梅女士沟通时，她描述了当时的感受："我有点不能接受被别人说不好，我儿子高高大大，只要和其他小朋友发生冲突，就好像是他欺负了别人似的。"从梅女士的话中，我们可以清晰地看到，她情绪的关键点在于她对这个事件的解读。

一个结果往往对应多种可能

事实上，一个结果往往对应多种可能。比如，老太太说"看着点孩子"，在多种情境下，奶奶都有可能说出这句话，但是梅女士显然是将其中一种可能，即对她和儿子的指责，当成了唯一的可能。

这句话可能是老太太对梅女士儿子的提醒，提醒梅女士的儿子小心正在往队伍里挤的小个子孩子，别让他受伤。当然，这句话也有可能是在责备梅女士，提醒她看管好儿子，别碰到别人。此外，还有其他可能，比如这位奶奶提醒自家的孩子：看着点别

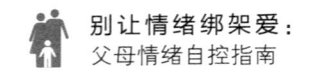

的孩子,别摔倒了。

梅女士后来的所有反应,都源于她对孩子奶奶这句话的解读,但是她的解读未必是正确的,而这个解读往往带着她自己的"旧伤"。

生活中有很多人都无法忍受来自别人的否定,甚至连提醒也会被他们自动化地解读为否定。当然,如果别人对他们直接指责,他们就更无法忍耐了。**这种对否定的超敏状态,实际上都来自曾经的伤害,其根源是来自自己的自我价值感不高。**在这样的人格异化之下,会产生一个现象,即很容易对别人的态度做恶意的解读,认为别人是有敌意的,于是就会造成很多误会。

拒绝以受害者自居,拥抱成长型思维

自我价值感较低的人,往往会呈现出一种"高自尊"状态,即非常在意外界的评价,尤其对否定或暗含否定的评价表现得特别敏感。

就像梅女士的情况一样,当她将奶奶的话解读为指责时,她的情绪是不高兴的。这种不高兴,实际上是一种受伤的感觉,包含愤怒、委屈、羞耻感等情绪感受。当我们有这些感受的时候,其实是在潜意识里以一个"受害者"的身份自居。

自居受害者的思维非常普遍,只是我们难以觉察。当我们置身于受害者的身份时,表现出来的是一种被动型的人格特征:我的喜怒哀乐由别人掌控。当别人对我和颜悦色时,我就是愉悦的,当别人对我进行"攻击"时,我就是受伤的。因为受伤的痛感过于明显，所以我们也可能会攻击别人，这种激烈的攻击形式背后，实际上隐藏着一颗无处安放的、受伤害的心。

梅女士解读奶奶的话是对自己的指责，她在潜意识里"认可"了这种指责，实际上也就是"认可"了"别人在攻击自己"，这个时候她会感觉自己很受伤，很愤怒，很委屈，想要证明自己无辜的欲望也会喷薄而出。

实际上，除了我们自己，没有人能够真正伤害我们。我们认为的伤害，一部分是因为自己旧伤未愈，另一部分是因为我们以受害者自居，将伤害我们的权利拱手让人。

我们认为别人对我们心怀恶意，其实往往是因为自己对别人心怀警惕，并**将自己的不安全感投射到其他人身上，认为是别人攻击了自己，这种心理机制在心理学上称为"投射"**。

梅女士对这件事的看法和态度会直接影响孩子。将自己限定在过去的经验中，是僵固型思维的特点；成长型思维则能帮助我们从过去的经验，尤其是创伤体验中走出来，这样看待世界的时候，敌意就会少很多，情绪也会更加平稳。

父母的情绪稳定了，孩子也会感觉到世界的安全。

当然，有的人会说："按照梅女士的描述，我觉得她的感觉也没有什么错，说不定那个奶奶就是在指责梅女士和她的儿子，那该怎么办？

这当然也是很有可能的。我们在社会上会遇到形形色色的人，尤其是一些心智成熟度不够的人，他们生活在自己的僵固思维中，容易情绪化，习惯指责、挑剔，容易释放攻击性，这是不可避免的。但是我们无法改变外部环境，也没办法替孩子把环境收拾干净，让孩子住在"真空隔离室"里，唯一能做的就是修炼内功，让孩子尽量不受到外界环境的干扰，不因为别人的不成熟而使自己受伤、委屈、愤怒或者压抑。这就需要家长提升自己的认知水平，完成自我成长。当家长修为好了，孩子也就宽容、大气，情绪也就稳定了。人格健全的孩子，才具有获得幸福的能力。

≫ 切换看问题的角度，结果大相径庭

家长眼中的孩子，也许不是孩子的真正样子

我曾接到一位妈妈的求助，她问："我女儿现在上初二，刚从公办学校转到私立寄宿学校。昨天送女儿入校，她还向我保证说她要好好学习，结果今天就打电话说要回家，抱怨在学校学习的时间太长。我该怎样开导她呢？"

这位妈妈以前也跟我联系过，当谈到孩子的情况时，她的表达方式以绝对化的负性评判为主，常使用概括性的结论，很少展开详细的描述。例如，"这个孩子太让我生气了，她就是天天不听话""她天天光玩手机，怎么说也不听，不写作业"。

后来，她在和我聊天时无意中说："她的学习没有问题，成绩很好。"听到这句话我非常意外，因为在她之前的描述中，我一直认为孩子是一个不写作业，只知道玩手机、看电视的"青春期逆反"的孩子。

我很惊讶地问她："既然孩子的成绩并不差，为什么你会那么

焦虑呢？为什么你向我描述说孩子很差劲，不写作业，只玩手机呢？"

后来她才告诉我，原来孩子以前学习成绩一直都很不错，直到初二才开始出现不写作业、拖延、玩手机的情况，而且成绩急速下滑，引发了她的焦虑。

我后来又向这位妈妈询问更多的信息，了解到孩子对私立寄宿学校是适应的，因为她的整个小学阶段都是上的寄宿制学校。而且对孩子转学这件事，家长的本意是想通过让孩子降级，让孩子重新从初一上起，再扎实地学习一下初一的知识，改变当下跟不上学习进度的状态。对于这一点，孩子表示高兴地接受，并表示愿意好好学习。

我还了解到孩子从学习认真的"好学生"到不写作业的"差学生"之间，是有一个转变过程的。家长在孩子写作业拖延的过程中，采用了不恰当的方法为孩子制定规则。了解了事件的全貌，我更坚定了以下观点：**要想让孩子的状态有所转变，就必须先扭转家长的认知和态度。**

这位妈妈一直在抱怨孩子"不听话""不懂事""不写作业""说话不算数"等，但是她却没有思考过为什么孩子会对"降级"这样一件在大多数孩子眼中并不光彩的事而欣然接受呢？作为一个有寄宿经验的学生，她应该非常清楚在私立寄宿学校将面对什么样的管理。明知道在寄宿学校不能像在家里一样自由，不可以像在家里一样玩手机、看电视，为什么她还会对被送去寄宿学校这件事非常高兴，在送到学校的那一刻还高兴地向父母表示

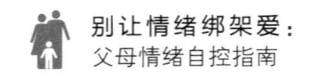

"去了会好好学习"呢？一个自由散漫、不写作业的孩子，就因为要被送到一所新学校，就"反常"地向父母表态要好好学习，这背后是什么原因呢？

事实上，孩子之所以做出以上"违背常理"的表态和行为，原因非常简单，只要父母把视线从她的缺点和不足中移开，就不难理解：孩子并不是像妈妈以为的那样不好好学习，自甘堕落，而是恰恰相反，她非常希望学习成绩优秀，甚至幻想时光倒流，可以重新回到自己曾经"辉煌"的岁月（初一年级）再来一次，所以她才不反感降级。这意味着她可以重新获得对学习的自我掌控感（她曾经学过初一的知识，并且还学得不错），重新体会久违的自我价值感。同时，转学还意味着她可以去一个没有人知道她成绩下降这个"糗事"的新环境，一切从头再来，重新开始自己的初中生活，而且这一次她愿意好好努力，获得优秀的成绩。

后来这位妈妈也证实了我的猜想，孩子的确是一个有追求"完美特质"的孩子，对自己要求很高：要么不做，要么做到最好。这和最开始妈妈跟我描述的孩子的形象大相径庭。

父母的关注点在哪，孩子的结果就在哪

父母过分关注孩子的不足，就会造成关注视野狭窄，忽略孩子内心深处的需求和积极向上的追求。其实每个孩子都是天生具有自尊心的，他们都渴望自己优秀，渴望被人喜欢。自尊感匮乏的孩子，不是因为天生缺少自尊心，而是因为他的自尊心在成长过程中被消磨掉，遭到了严重的损害。父母只有读懂孩子，才能和孩子沟通，这是亲子沟通的基础和第一要务。

我让这位妈妈回忆孩子彻底放弃写作业之前是什么状态，她想了想说："孩子刚开始还是努力写，如果晚上 10 点写不完，就写到 11 点，晚上写不完，第二天早晨爬起来继续写。后来大概因为孩子学习越来越吃力，所以就开始能写多少写多少。再往后她开始抄作业，最后就完全不写作业了。"

孩子玩手机、不睡觉、看电视、不写作业，这些现象背后的原因到底是什么呢？最大的原因可能是孩子对外界环境的对抗和逆反，以及对学业困难的恐惧与无力。换言之，孩子可能有美好的愿望，但是却没有能力实现自己的愿望。这并不是很多家长口中的缺少毅力，没有恒心。

孩子"退行"行为背后，必然是"退行"心理在发挥作用。 对困难的恐惧、应对方法的缺失、自律的痛苦以及缺乏明晰的目标，这些都是孩子要求退学的心理原因。不能从心理上解决这些问题，只依靠简单的方法处理，比如把孩子送到寄宿制学校读书，并不能真正解决问题，相反，因为这类孩子的心理本身就比较脆弱，容易出现适应不良的状况，所以他们在遭遇挫折的时候，会显得更容易放弃。如果父母此时再紧逼不放，孩子很可能会以彻底辍学的自毁式方式对抗父母的控制。

如果孩子在这方面问题比较严重，则需要寻求专业的心理咨询帮助。同时，父母给孩子提供的养育环境也需要进行根本性的改变，其中最主要的就是**父母的心态要由消极转向积极**。心理学教授李少成在治愈一个青春期孩子十几年的尿床案例中，教给了

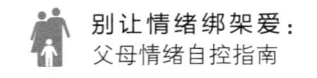

家长三句话，家长按照这三句话"治好"了孩子多年的尿床症。这三句话充满了人本主义精神，表达的正是对孩子无条件的积极关注。

第一句话是："孩子，这件事出现这样的结果，我知道不是出于你的本心，我知道你想把它做好。"

第二句话是："虽然你想做好，但是由于不知道方法，需要探索，而探索是需要付出代价的，失败就是代价。"

第三句话是在孩子取得探索的成功和进步之后说的："我相信你能做好，这是探索的结果，既不要自卑，也不要骄傲。"

这个男孩患上尿床症的根本原因是家长在孩子小时候尿床时，采用了简单粗暴的打骂方法，导致孩子出现心理问题。家长回去后，坚定不移地按照这三句话体现的原则和孩子相处，最终孩子不再尿床，还参加了成人高考，过上了正常人的生活。

孩子出现"问题"，绝大部分情况下都不是孩子的问题，而是家长的教育方式出了问题。如果家长能够把对孩子的负面关注转向积极关注，用这样的方式和孩子沟通，那么孩子的问题自然会不药自愈。

用科学的方法培养有规矩的孩子

在日常生活中，为孩子制定规则也是与孩子沟通的重要方面。在中国家庭中，家长也特别强调规矩意识。在一个依恋关系构建良好的家庭中，制定规则并不困难，很多时候都是水到渠成的结果。之所以有些家长觉得困难，是因为依恋关系的基础没有构建好。我们之前讲过很多案例，如果家长能够充分尊重孩子的边界，对孩子以恰当的方式给予爱和自由，那么和孩子协商规则、树立规则意识会成为一件很轻松的事情。

有些家长将爱与规则割裂，潜意识里认为给孩子太多爱就是"溺爱"，应该给孩子特别强调规则。还有一些家长在树立规则的过程中用了很多错误的方法，给孩子造成了伤害。这些都是家长在制定规则的过程中需要重点校正的。

≫ 警惕借"立规矩"之名争夺权力

樊登曾在书中提到下面一个案例。

> 有一天，4岁的女儿把香蕉皮扔在地上，之后没有收拾起来，就自顾自地玩游戏去了。爸爸让女儿把香蕉皮捡起来，女儿拒绝说："不捡。"爸爸说："必须捡，否

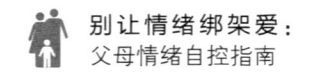

则别的都不能玩。"

女儿还是忽略了捡香蕉皮，径直看电视去了，爸爸就去把电视机关掉；女儿打算去看书，爸爸就把书收了起来；女儿拿了一个水果给爸爸吃，显然她想回避捡香蕉皮，同时和爸爸缓和关系。爸爸说："对不起，我现在不能吃水果，因为你没有捡香蕉皮。"女儿听后"哇"地一声哭了出来。

当时樊登对这个案例解释说：这是典型的权力之争。我在生活中也曾观察到这样一个情景。

在超市中，一个五六岁的小女孩央求爸爸给她买零食。爸爸不同意，女儿还是继续央求，爸爸随后用很坚决的语气说："你越这样，我越不会给你买，要不然现在就回家吧。"

当我把这两个案例为主题的文章发布到网上后，引发了巨大的争议。争论的焦点在于，案例中的爸爸和孩子之间，到底是权力之争还是在立规矩？

借由这个争议，我们可以理清家庭中以"立规矩"为名争夺权力的真相。

他人管理和自我管理

先讨论孩子到底要不要"管理"？很多家长在文章下面给我留言说："孩子必须管，不管就出事。"他们认为无论是孩子乱扔香蕉皮还是吃零食，都属于家长"必须管理"的范畴。

我认为这个问题没有标准答案，任何绝对化的观点如"必须管"或者"不必管"，都是二元对立、非黑即白的思维方式。

对这个问题，我的观点是：**在家庭教育中，最重要的两个基石是爱和规则，两者缺一不可**。爱与规则，都可以理解为管理，但又都不是管理。

我们先了解一下教育孩子过程中父母管理和自我管理的概念，也就是他律和自律。一说到管理，大家首先就有一种神经紧绷感，认为管理、规则都是很严肃的事。实际上，孩子的成长过程，本身就是一个不断接受管理和自我管理的过程。所谓对孩子的管理，如果仅限于理解为父母对孩子的管理，未免有些狭窄。

人格的形成源于基因和环境的共同影响。基因无法改变，但是环境可以改变。从这个角度来说，父母是对孩子影响最为深远的人，而家庭则是孩子成长过程中最主要的环境。

父母对孩子最好的管理，在于父母自身的言传身教，而言传身教不只是行为，还有爱的感知以及父母为人处事的方式。父母常用什么模式（包括情绪反应模式、思维模式、行为模式），孩子很可能就模仿什么模式。从这个角度上说，与其讨论父母该如何管理孩子，不如讨论父母该如何进行自我管理更有意义。

另外，我们在日常生活中有一个常见的误区：**父母过分强调自己对孩子的管理，忽视了孩子自我管理的潜能**。这样的家长，更容易控制或者溺爱孩子。

父母要相信孩子有自我管理的能力，孩子会在自己探索世界的过程中不断地调整自己的语言和行为尺度，所以父母要先允许

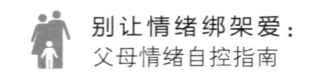

孩子探索，不要急于去管理孩子。

给孩子"立规矩"要得当

从家长的角度来说，父母对孩子的"管理"，本意是希望为孩子建立规则。上述两个案例之所以被认为是权力之争而不是树立规则，不在于家长给孩子树立规则这种想法错了，而在于家长为孩子树立规则的方式出现了问题。

以第二个案例为例。爸爸在孩子想吃零食的时候直接拒绝，没有对孩子的感受进行共情，并且还使用了"威胁"的方式。

我们可以换位思考：如果你很想要什么东西时，向亲近的人提出了请求，对方却直接拒绝，这时候无论对方拒绝的理由是否合理，我们还是觉得对方的拒绝很伤自尊，很少有人在被拒绝之后会感到愉快吧？

我们每个人，当然更包括孩子，首先是活在"感受"里的，其次才是活在"道理"或者"标准"里的，这是人的本能。我们在为孩子树立规则的时候，如果不能够体察孩子的情绪和感受，只是一味地强调规则，那么效果反而不会好。

家长需要注意：不管自己想通过什么方式教育孩子，目的和初心都是想让孩子的发展越来越好。我们要时刻牢记这个目标，思考最能实现目标的方法，最重要的是，**要用结果来检验自己的方式是否恰当。**

也许有的孩子出于对家长的恐惧，服从了家长的管理，甚至内化和认可了家长的标准，但是他真实的情绪却被压抑了，这种结果还能算是"规则被成功树立"了吗？检验规则到底有没有成功树立，不仅要看孩子的行为，更要看孩子的心理，因为心悦诚服的接受与压抑自我的妥协，二者区别巨大。

区分立规矩和权力之争的标尺

为什么让孩子捡香蕉皮的爸爸和孩子之间进行的是权力之争，而不是树立规则呢？这是因为爸爸在这个过程中满足的是自己的情绪需要，他因为女儿"不听话"而产生了内心的挫败感，由此激发出愤怒的情绪。虽然看上去爸爸在用合理化的方式树立规则，但实际上他是忍受不了自己被冒犯而产生的负面情绪。他用各种方式和女儿对抗，是想实现"我说得对，你得听我的"这一目的，内核则是"你不听我的，我就会很生气"，所以"为了不让我生气，你得按我说的做"。这样看来，这位爸爸的行为是一种赤裸裸的控制，而不是什么树立规则。

那么如何区分立规矩和权力之争呢？**家长可以通过觉察自己情绪的方式来衡量。** 当自己认为正确的规则不被孩子接受的时候，如果自己有怒气，则是权力之争；反之，则大概率是立规矩。通过这个标尺，就能检验自己是在和孩子争夺"谁说了算"的权力，还是想好好地引导孩子树立规则意识了。

≫ 培养有规矩的孩子的技巧

矫正行为，更要看清动机

我们再以女孩乱扔香蕉皮这件事为例。首先，樊登讲这个故

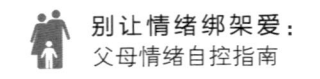

事的时候，没有说前因，所以并不清楚小女孩为什么会乱扔香蕉皮？我们经常着急对一个行为定性，比如说乱扔香蕉皮就是错的，是没有道德的，这时我们关注的重点自然就成了：怎么矫正小女孩的行为？

当我们把力气用在矫正孩子行为的时候，孩子就会不由自主地产生一种潜意识的反抗情绪：你越要我这么做，我越不这么做。于是父母与孩子之间的权力之争就开始了。为了避免发生这种情况，我们首先要避免进入权力之争的陷阱。

如何避免呢？首先要看到孩子行为背后的动机。为什么孩子会乱扔香蕉皮？我们可以猜测一下，这个行为背后有很多种可能，比如小女孩因为其他事情跟爸爸生气了，因此故意扔香蕉皮泄愤；或者父母以前对"垃圾怎么扔"并没有建立很好的规则，因此小女孩扔垃圾时比较随意，但是现在小女孩已经4岁了，爸爸觉得应该给孩子立规矩了，所以就要求她必须捡起来；再或者，小女孩在用无意识的乱扔香蕉皮的行为，引起父母对自己的关注，可能爸爸一直在玩手机，扔香蕉皮是小女孩的一种下意识的试探等。

一个孩子随手扔香蕉皮的行为，背后可能蕴含着多种动机。每一种动机，都需要父母使用不同的方式去应对，这也是为什么我说为孩子树立规则的具体方法没有标准答案的原因。

通过多种场景演练

回到小女孩乱扔香蕉皮这件事上，爸爸可以采用"真实表达"的技术，和孩子进行深入沟通，了解孩子扔香蕉皮的原因。有以下几种演习模板,供大家参考。

场景一。

爸爸:"宝宝,我看到你刚才吃完香蕉就把香蕉皮随手扔在了地上(中立地陈述事实),你为什么会这样做呢?"(询问)

孩子这时候可能有多种回答,比如:"我刚才没想那么多,吃完就随手扔了。"

这时候爸爸可以回答:"哦,那你把香蕉皮捡起来扔到垃圾桶好吗?"

孩子照做,爸爸马上表扬:"宝宝真是一个遵守公德的好孩子!"(进行正向强化)

场景二。

爸爸:"孩子,我看到你刚才吃完香蕉就把香蕉皮随手扔在了地上(中立地陈述事实),你为什么会这样做呢?"(询问)

孩子:"我就是想扔到地上!"

(爸爸这个时候可以观察孩子这种语言背后有什么情绪,并对孩子的情绪进行接纳。)

爸爸:"哦?好像宝宝有点不高兴呢(共情孩子的情绪,但是没有对孩子的情绪提出批评)?可以跟爸爸说说是怎么回事吗?"

孩子:"哼!你刚才都不让我吃冰棍。"

爸爸："哦，是因为刚才没有吃冰棍的事不开心啊（继续共情孩子的情绪）。那件事如果你不高兴，咱们一会再商量好吗（接纳孩子情绪的合理性，并用协商的态度给出解决方案）？爸爸相信宝宝是一个有公德心的孩子，所以先把香蕉皮扔在垃圾箱好吗？"（给孩子鼓励和信任）

孩子："不好，哼！"

爸爸："那爸爸听听你的意见，你想先解决吃冰棍的事呢，还是先处理扔香蕉皮的事呢？"（给孩子封闭式选择，这个时候，扔香蕉皮就成了一个必选项，但同时又没有让孩子感觉到被强迫）

孩子："先说吃冰棍的事。"

爸爸：好的，没问题。

场景三。

爸爸："孩子，我看到你刚才吃完香蕉就把香蕉皮随手扔在了地上（中立地陈述事实），你为什么会这样做呢？"（询问）

孩子低头不语。

爸爸继续保持刚才的状态，不急不恼，继续说："宝宝一向都是很有公德心的，爸爸相信你今天这么做肯定有原因（对孩子保持信任和肯定的积极态度），你愿意和爸爸聊聊吗？"（给孩子情绪温和的接纳和尊重）

第五章
家长怎么说，孩子才会听

孩子继续沉默。

爸爸："看来你现在不太想说话。要不这样吧，等你想和爸爸谈的时候，来和爸爸说一说好吗？如果你一直不开心，爸爸也会有点难过。"（落脚点放在对孩子的爱上，但是不在孩子有情绪的时候激化孩子的对抗心理）。

接着，爸爸自己把香蕉皮扔进垃圾桶，然后什么都不说。

也许有的家长不认同场景三中爸爸最后自己扔香蕉皮的处理方式，说："就应该让孩子去扔，爸爸代劳怎么为孩子树立规则？"但为什么要这样做，原因有以下两点。

第一，孩子此刻的表现显示出她正陷在强烈的负面情绪中，父母在和孩子沟通的过程中，需要掌握这样一个原则：对孩子的情绪无条件地接纳，因为**孩子的情绪"存在即合理"**。另外，在孩子有情绪的时候，家长给孩子讲再多的道理也是无效的，孩子此刻的理智根本发挥不了作用。

第二，父亲的行为对孩子是另外一种形式的教育，即家长的示范作用。父亲接纳了孩子的情绪，但同时用自己的行为为孩子做出示范，让孩子知道什么是对的，什么是错的，这种无声的教育，比在孩子有情绪阻滞的时候说一堆大道理要有用得多。相信孩子此刻的固执不代表会一直固执下去，当她的情绪被接纳，她的困惑被解答，她感受到来自父母真切的爱的时候，她一定是一个自尊、自律的孩子。

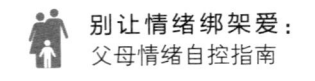

为孩子立规矩，要因年龄而异

还有一些家长可能会困惑：对于特别小的孩子，他根本听不懂你讲的道理，我怎么管，不强制能行吗？

不同年龄段的孩子，需要父母使用不同的管理方式。 人的安全感的构建有关键的窗口期，一旦错过就不会再有。在孩子生命的最初阶段，是构建其一生安全感的最关键阶段。孩子年龄越小，家长越要给予更多的关爱，更要充分地满足孩子。

当孩子 1 岁以后，家长可以开始有意识地建立一些规则意识，但这时候千万不能采用强制手段，而是结合孩子年龄段的特点，因势利导。比如孩子 2 岁时，进入到一个成人无法理解的"偏执期"，孩子这个阶段可能会出现必须要穿哪件衣服，必须走哪个楼梯的情形，错一点都会大哭大闹。父母需要理解这个年龄段孩子的心理发展特点，而不是用成人的角度去看待这些现象。总的来说，在孩子 3 岁之前，家长还是以满足孩子为主。

孩子进入 3 岁以后，父母就要开始有意识地制定规则了。 此时孩子听不懂道理没关系，因为孩子还有感知能力，什么行为会得到妈妈的表扬，什么行为会让妈妈觉得不妥，孩子是非常清楚的。通过这种方式，实际上就是在为孩子树立规则。当然，无论到了什么时候，家长都需要对孩子的情绪进行共情和接纳，然后用孩子能听懂的方式和孩子沟通。不要觉得孩子什么也不懂，没法跟他友好协商，恰恰相反，**家长给孩子的信任越多，孩子就会表现得越出色。**

家长在为孩子树立规则时需要注意言传身教、抓大放小，从简单且容易的规则开始，不断加强正向强化，做到及时表扬和鼓励。另外，在孩子大一些的时候，可以制定比较正式的规则，但制定规则前要尊重孩子的意见并与孩子协商。最后要记住：**无条件地接纳孩子的情绪，有条件地引领孩子的行为，这就是所谓的"爱与规则"。**

家长的"高明"，恰恰体现在他们有更多的办法引领孩子，这些办法是在正确理论的支撑下，加上家长的思考并结合实际情况得到的。

›› 立规矩时，要兼顾孩子的心理适应性

姜女士最近给孩子制定了一个规则：让孩子每天自己起床并自己骑自行车上学。姜女士的理由是，孩子已经长大了，有足够的能力做到这两件事。她觉得自己以前对孩子的包办替代和控制太多，导致孩子独立自主的能力较弱，所以姜女士认为自己应该放手，以培养孩子的独立意识和个人能力。

姜女士对孩子说："你每天早上可以给自己设定3个闹钟，但是我不会再喊你起床。如果你起不来迟到了，那你自己负责，因为这是你的事。当然骑车上学也是一样，你自己会骑自行车了，你可以自己上学。"

但这次的沟通结果却不理想，孩子很不情愿，希望

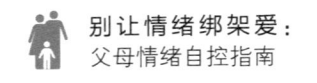

还能让姜女士送他上学，理由是："妈妈骑电动车，比较节省时间。"

对此，姜女士有些困惑，不知道该怎么为孩子定下这个规则。

在这个案例中，有以下几个问题。

重视制定规矩前的基础工作

这个基础工作，就是**和孩子充分地沟通，给予孩子心理上的抚慰**。无论妈妈的想法多么正确，都不能改变一个事实，就是让一个十几岁的孩子贸然改变过去长期形成的生活习惯，从孩子的心理上来说是很难的。

为什么妈妈没有做好准备工作呢？其根本原因还是来自妈妈背后的认知。在妈妈的认知里，这个规则必须制定。为什么是必须的呢？因为妈妈想通过这个行为矫正自己原来的错误。妈妈说是为了孩子好，为了让孩子独立，但这里面有以自我为中心的成分，因为妈妈的想法是修正自己以前的错误，但采用的方式却是不考虑孩子的适应性。

在妈妈的认知里，孩子完成这个规则是很容易的，而且是孩子早就应该掌握的。这种想法是以自我为中心的思维方式。的确，从技能和能力水平来说，自己定闹铃起床和骑车上学，对一个十几岁的孩子来说也可以做到，但是家长忽视了孩子的心理惯性，也忽略了孩子对未知的恐惧。不管孩子是否掌握这些技能，毕竟这些在以前没有成为孩子的生活常态，人在面对熟悉的世界时是比较有安全感的，但是对于不熟悉的事情就会产生恐惧，既然有恐惧，也就一定会有抵触。

最重要的一点是，想改变现状的想法是妈妈的，而不是孩子的。所以无论规则实施起来难度有多小，孩子的本能都是抗拒的，因为这个规则背后是妈妈的意愿在起主导作用，而非孩子自己。

因此，在规则制定前，妈妈其实**需要先和孩子充分沟通**，不应该简单粗暴地跟孩子说"你已经大了，应该自己上学了"这个道理，而是应该更充分地让孩子理解妈妈想和他制定这个规则背后的原因是什么，让孩子意识到这个规则是为了让他更好地成长，成为更独立的人。也就是说，新规则的落脚点是为了孩子。

妈妈在和孩子沟通时，需要告诉孩子："规则不是妈妈单方面制定的，一定会充分尊重你的意愿，一起商量着来。"打好这个基础，孩子从心理上接纳了，才会有接下来的协商。

无论给孩子制定的这个规则或计划多么"小"，它都是一件严肃的事，家长要从心理上重视它。为了更好地实现它，完成它，就需要在每一个环节上力求做到最好，一个步骤也不能落下。家长不能因为自己感觉这个规则很简单，很容易达到，同时是"应该""必须"做到的就轻视它。因为只有家长重视，孩子才会重视。

制定规则应避免两极分化

很多家长常在两极游走。就像案例中的这位妈妈，之前对孩子包办替代多，控制多，现在因为认识到之前的错误，就突然让

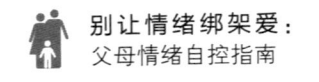

孩子完全独立地去做这两件事。

两极化的教养模式，实际上会带给孩子两种类型的伤害。另外，因为家长前后的不一致和不统一，也会让孩子无所适从，不知道到底该怎么做。

在这个案例里，妈妈说以后不管孩子起床的问题了，让孩子自己定闹铃，这当然是教育方式之一。但是家长从此以后对孩子起床的事情就可以不闻不问了吗？当然不是。孩子需要过渡和适应，家长应该给孩子这个适应的过程，并在这个阶段给孩子心理上提供支撑和鼓励。家长要清楚：**"培养孩子的自立及自律能力"，和"让孩子独自处理所有的问题"是两个不同的概念。**

正确的方式是引领和协商，家长可以问问孩子在执行过程中有可能遇到什么困难？如果遇到困难，希望妈妈做什么？比如孩子可能会说："我担心闹铃响了我还是起不来，造成迟到。"这时候妈妈问问孩子："那你希望妈妈为你做什么？"孩子可能会说："希望妈妈叫我起床。"那么接下来，妈妈可以和孩子继续商量，怎么叫？叫几次？如果叫了孩子，孩子还是不起床，妈妈的原则是什么？

通过以上种种耐心的沟通和引导，实际上是给孩子一个心理上的适应过程和心理支撑，让孩子知道，这个规则不是妈妈独断专行的产物，而是考虑到了自己的实际困难，并顾忌到了自己的感受。同时，在制定规则前，也可以给孩子一个提前演练的过程，比如说执行过程中遇到什么困难，让孩子自己思考处理方法。

家长需要注意，在协商过程中，演练得越具体越好。有了具体的参照标准,在执行的时候才更会清晰,孩子也就不会因为频繁出现突发状况而打破规则。

协商时重视孩子的心理因素

如果孩子对父母太过依赖,会形成一种和父母"共生"的心理。也就是说,自己不想做的事,都希望妈妈完成,但是遇到不想让父母管的事,就想把父母推开,不许父母干涉自己的自由。

在这种情况下,家长既要纠正原有的模式,也需要看到孩子的这种"心理无力感",以及改变有可能给他带来的"被遗弃感"。

比如案例中的孩子,已经是一个十几岁的孩子了,但还是希望妈妈每天接送自己上下学,这个现象表现出他对妈妈的依赖,也有对自己独立生活的恐惧。孩子找各种理由拒绝妈妈的要求,其实背后也隐藏着不易察觉的"被遗弃感":以前你是"抱"着我走的,现在却忽然把我扔在地上让我自己走,是不是想遗弃我?

其实这种遗弃,不是真正意义上的遗弃,而是一种潜意识的感受。被包办替代和控制较多的孩子,一般而言内心的建设是不够的,他们的心理力量比较薄弱,所以在遇到外界的环境发生变化时,极容易产生恐惧。这种恐惧的深层次体验,就是无力感或被遗弃感。

家长需要注意到这一点,而不是单纯地站在评判的角度看待孩子的行为。如果家长把注意力放在"孩子居然连这么点小事都不想做""这个孩子的依赖心太强了""必须让孩子把习惯转变过来"这种类似的视角上,就会忽视这个内心力量薄弱的孩子背后

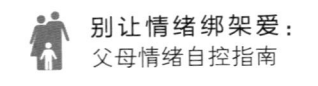

的心理诉求。

孩子只有在心理上得到充分的满足，才能在执行规则时更有力量。 家长要看到孩子的表达背后真正的想法。

妈妈可以问问孩子："你对自己骑自行车上学有什么顾虑吗？""你是怎么考虑的？你是不是觉得没有妈妈陪你上学，心里有一点紧张？""是不是担心骑自行车速度比较慢，需要在路上花更长的时间，担心会迟到？""那有什么办法可以不迟到呢？""骑自行车上下学是不是更自由，还可以和同学做伴呢？"

看到孩子背后的需求，其实并不需要家长做过多的安抚。对孩子而言，"被看见"就已经是最好的安抚了。

≫ 掌握制定规则的六项基本原则

在实际应用的过程中，给孩子制定规则有一些基本的原则，家长可以参考并灵活运用。采用科学的方法，可以培养有规矩的孩子。

原则一：制定规则要"从易到难"

制定规则要从最简单、最易执行、最单一的规则开始，目标越单一，越明确，越好执行，也越容易增强孩子的正向体验，所以制定规则要"从易到难"，给孩子一个心理过渡期。

原则二：规则期内只关注一个目标

一个规则的建立时间一般是 21～30 天，在这个周期里，家长只需要关注这一个规则即可。比如，家长给孩子制定了一个"自己收拾自己的屋子"的规则，那么在此期间，家长就只关注这一个目标，孩子在其他方面的行为，无论引起你多少不适感，都先不去管它。

这样做的好处是，**家长的关注点在哪儿，孩子的关注点也会在哪儿**，这样能向孩子传达一个信号，显示了规则的重要性：既然制定了规则，就要坚决落实和执行。同时向孩子传达了一个要集中目标的信号，让孩子更容易操作。如果同时兼顾多方面，孩子就会有找不到重点的错乱感，还可能会因为这种错乱产生完不成目标的负性体验。

原则三：规则是尊重，不是通知

规则不是用来管理孩子的，更不是用来惩罚孩子的，制定规则首先要尊重孩子自己的意愿。

很多家长把自己认为正确的内容让孩子当成规则，比如规定孩子一天只能看 40 分钟的电视，这在本质上说不是规则，而是通知，是家长打着规则的旗号，单方面通知和强迫孩子遵守的"不平等条约"。

真正的规则，不是家长觉得什么合适就要求孩子怎么做，而是**引领孩子思考，在尊重孩子意愿的基础上制定出来的**。

以孩子看动画片为例。家长需要先对孩子看动画片的行为予以接纳，即看动画片是被允许的。不是不让孩子看，只是需要给孩子制定出相应的规则。这样做的好处，是先在情绪上允许孩子

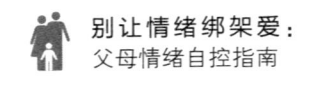

的行为,当孩子知道看动画片是被允许的,那么他就会有一种"心安"的感觉。

"心安"很重要,如果一个孩子内心不安,他就会表现出非常焦躁的状态。我们常说的淡定从容的个人品质,首先就源自"心安"。

原则四:规则应奖惩分明

规则若不附带惩罚机制,那么就不能称之为规则,规则本身也就丧失了权威性。同样,如果孩子对规则执行得很好,也需要家长及时地肯定。家长要温和而坚定地执行规则,不可随意破例。

关于惩罚,有几个方面需要特别注意。

首先,惩罚不是目的,只是手段,家长的着眼点应该放在更有建设性的方面,比如说"规则的执行"。如果一味地、苛刻地执行规则,一旦发现孩子未完成,就马上惩罚,即使惩罚措施是当初和孩子民主协商制定的,也会激发孩子的负面情绪,因为没有人喜欢被约束和惩罚。这种情绪也会激发孩子与家长及规则的对立。

正确的方式是:当孩子没有按照规则执行时,家长要先问明白原因,帮助孩子分析问题出在哪里,引导孩子想想该怎么解决,把关注点放在更具建设性的方面。

其次,惩罚的方式是跟孩子协商后的结果。最好由孩子来决定怎样惩罚,在孩子自己陈述的基础上,家长可以适当地放宽。比如,孩子说:"如果我看电视超过了40分钟,就罚我第二天不看电视。"家长可以说："这样会不会有点太严格了？要不你洗三次碗吧，怎么样？"

家长需要知道，孩子为了迎合父母，说话时总会尽量符合父母的心意，所以父母表现得越宽容，孩子内心越轻松，越能积极地执行规则。

最后，家长要允许规则例外情况的发生。孩子不可能毫无差错，偶尔犯懒或者没有按规则来执行，都是很正常的。家长要在尽量坚持规则的情况下允许规则例外，比如给孩子制定几张"免责卡"，孩子一方面会觉得很惊喜，另一方面也会更加珍惜自己手中的"权利"，这样就给孩子的自律打下了心理基础。

当孩子有违反规则的情况发生时，家长可以提示孩子，让孩子自己决定怎么自我处罚。只要家长给到孩子足够多的允许和满足，一般情况下孩子都不会耍赖，而是会更加自律。

原则五：规则的严肃性，离不开家长的示范

一说到示范，家长首先想到的情景就是不让孩子玩手机，自己首先也做到不玩手机，这当然是一种言传身教的示范。但其实家长的示范体现在方方面面，这里要讲的核心是家长在规则的坚持和执行上，也要起到示范作用。

如果家长经常随意打破制定的规则，那么又如何让孩子很好地执行呢？比如规定孩子一天只能吃一颗糖，结果家长因为孩子耍赖，无奈之下就多给了好几颗，或者家长心情好的时候，就随意地奖励孩子几颗糖，家长这种随意破坏规则的行为，就会被孩

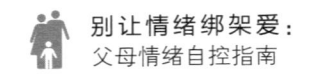

子模仿，让孩子体会不到规则的严肃性。

原则六："一鼓作气"地坚持规则

"一鼓作气，再而衰，三而竭"，这句话在规则的建立和执行方面同样适用。如果家长总是在立规则，破坏规则，放弃规则，而立规则的时候准备不充分，执行规则的时候不到位，落实的时候很随意，那么家长将来再想重新制定规则时，就会越发艰难。如果一个孩子被反复立规则，反复失败，那么孩子就会产生习得性无助，他会给自己一个心理暗示：规则在我的生活中是建立不起来的，我没有能力执行一个完整的规则。这种潜意识中的信念会对孩子产生深远的影响，再想重新建立一个同样的规则，难度要比初建一个规则大得多。

对于规则或者习惯的养成，家长一定要有耐心。家长如果很急躁，就很容易让这个规则失败。所以，规则不只是对孩子的考验，也是对家长的考验。

当家长在情绪上给孩子足够的接纳和理解，孩子的内心得到满足，在制定的规则越来越完备的时候，孩子的自我掌控感就会越来越强，自我效能感也会越来越强。这个过程，离不开父母的用心浇灌。